Il vero italiano 2: Practice

by Daniele Laudadio & Keith Preble

PdG

© 2014 Daniele Laudadio & Keith A Preble. Cover art by Alan Varley. All rights reserved.
ISBN 978-1-312-66938-3

This book may not be reproduced, transmitted, or republished without permission of the authors. No material in this book may be published online or in any other format without permission of the authors. All photographs used in this book are by Keith Preble unless otherwise noted.

Exercises, tables, and appendices may be photocopied and distributed for classroom, homework, and educational activities only.

Introduction

Il vero italiano 2: Practice Makes Perfect is a companion book to our first endeavor, **Il vero italiano: Your Guide to Speaking "Real" Italian**. The exercises presented in this volume are meant to help you think critically about Italian grammar so you can learn to use it better more fluidly and become more proficient in using complex grammatical structures.

Answers to all of the exercises are included at the end of each chapter so you can check your progress as you go along. Some sections and tables we have copied from the book. For others, we have also included page references to our first book, **Il vero italiano**. All references will appear as (**Il vero italiano**, p. xx-yy) throughout to help you quickly locate the necessary sections in the book to help you complete the exercises. Please note that page numbers refer to the paperback edition of our book (if you have an electronic copy, the page references should be pretty close).

While this book can be used on its own without the first book, we advise purchasing and reading our first volume so that you can refer to it. Some of the rules and guidelines have been reprinted, but many have not due to space considerations. We also wanted to avoid repeating the initial publication so we could include some new material.

Besides the numerous exercises presented here, there are some important points of Italian grammar that are new to this book called *"Un po' di grammatica"* in Chapters 1 & 4. There are also several pages of appendices in the last chapter that can be printed out or photocopied for classroom use or personal study.

We remind our users that no part of this work may be published, transmitted, or shared electronically or by any other means beyond personal and classroom use without permission of the authors.

We invite users who have questions or wish to connect with other users to check out our Facebook Page, **Parola del Giorno** (http://www.facebook.com/paroladelgiorno). Feel free to post your questions, comments, and concerns there! We will do our best to answer your questions and respond to feedback. *In bocca al lupo!*

Indice / *Table of Contents*

Chapter 1: Verbs 7
    Essere & Avere 8
    Un po' di grammatica: understanding the verb piacere 10
    Reflexive & Pronominal verbs 15
    Un po' di grammatica: the past tenses in Italian 18
    Un po' di grammatica: avere or essere? 30
    Il congiuntivo / *Subjunctive* 33
    Soluzioni / *Answers* 35

Chapter 2: Nouns & Articles 37
    Irregular Plurals 39
    Articolo determinativo / *Definite article* 40
    Articolo indeterminativo / *Indefinite article* 41
    Partitivo / *Partitive* 42
    Soluzioni / *Answers* 44

Chapter 3: Adjectives 46
    Comparativi / *Comparatives* 48
    Compartivi, Superlativo assoluto, Superlativo relativo 49
    Aggettivi possessivi / *Possessive Adjectives* 51
    Soluzioni / *Answers* 54

Chapter 4: Pronouns 56
    Direct & Indirect Object Pronouns 57
    Un po' di grammatica: the use of ne 60
    Un po' di grammatica: the use of ci 64
    Un po' di grammatica: complementi indiretti 67
    Pronomi tonici / *Tonic Pronouns* 68

Pronomi possessivi / *Possessive Pronouns* 69
Pronomi relativi / *Relative Pronouns* 72
Pronoun Placement 74
Pronouns & Past Participles 76
Soluzioni / ***Answers*** 79

Chapter 5: Adverbs 84
Soluzioni / ***Answers*** 88

Chapter 6: Prepositions & Conjunctions 90
Preposizioni semplici / *Simple Prepositions* 91
Preposizioni articolate / *Articulated Prepositions* 93
Congiunzioni / *Conjunctions* 96
Il periodo ipotetico / *Hypotheticals* 98
Il congiuntivo / *Subjunctive* 100
Soluzioni / ***Answers*** 102

Chapter 7: Interjections & Idioms 104
Interiezioni / *Interjections* 105
Modi di dire / *Idioms* 106
Soluzioni / ***Answers*** 109

Appendices 110
Appendix 1: *Essere* conjugated in all moods & tenses 111
Appendix 2: *Avere* conjugated in all moods & tenses 113
Appendix 3: *Piacere* conjugated in all moods & tenses 115
Appendix 4: Verbs & object pronouns 119
Appendix 5: Irregular past participles 121
Appendix 6: Verbs requiring *essere* in compound tenses 122
Appendix 7: Some irregular verbs in the passato remoto 123

1

Verbs

This chapter will feature exercises to help you practice using verbs and corresponds to Chapter 1 from *Il vero italiano*.

Agrigento: Valle dei Templi, Sagra del mandorlo in fiore
Photo by Danilo Badalamenti, all rights reserved

Essere & Avere

In Chapter 1 of **Il vero italiano**, we learned about some important properties that verbs have, such as *tense* and *mood*. The chapter then profiled a couple of dozen important verbs broken up into various categories.

This chapter has exercises to help you use many of the verbs profiled in the book. The first set of exercises will help you practice using the verbs **essere** and **avere** (they have been conjugated in the present indicative in the charts to the right). Remember that these two verbs are important to learn and memorize in all tenses and moods! They recur frequently in both writing and conversation, and both verbs are used to form compound tenses in Italian.

See **Appendix 1** in **Chapter 8** of this volume for a complete conjugation of both verbs in all moods and tenses.

avere	
io	ho
tu	hai
lui/lei	ha
noi	abbiamo
voi	avete
loro	hanno

essere	
io	sono
tu	sei
lui/lei	è
noi	siamo
voi	siete
loro	sono

Esercizio 1 / *Exercise 1*

Coniuga e inserisci la forma corretta del verbo essere o avere negli spazi vuoti in ciascuna frase. / *Conjugate and insert the correct form of* **essere** *or* **avere** *in the blank provided.*

1. Maria _____ una bambina molto sveglia. _____ soli quattro anni ma parla già due lingue.

2. Carlo _____ molti giocattoli ma non ama condividerli con suo fratello, che _____ di tre anni più piccolo di lui.

3. Buonasera ragazzi, io _____ la nuova professoressa di storia: _____ molti in questa classe, ma sono sicura che insieme faremo un buon lavoro.

4. Se sai dove si trova la biblioteca e dove si trova il teatro, _____ già tutte le informazioni necessarie per arrivare all'inaugurazione della mostra su Warhol della prossima settimana.

5. La mia famiglia _____ tre case: una al mare, una in montagna e una in città. Quella che mi piace di più _____ quella al mare, perché il panorama da lì _____ bellissimo! Quella casa _____ tutto ciò che mi piace!

6. Io e i miei amici _____ solo sei ore per finire il progetto di chimica: _____ una sfida impegnativa ma ci piacciono le sfide.

7. Sei molto simpatica, ma non credo di voler uscire di nuovo con te: _____ interessi troppo diversi. Forse non _____ fatti l'uno per l'altra.

8. Loro _____ i nuovi vicini. Si sono trasferiti qui ieri e ci _____ portato una bottiglia di whiskey per presentarsi e fare conoscenza. _____ proprio gentili!

9. Ragazzi, _____ tutti comprato il biglietto per la partita di calcio di sabato prossimo? _____ la partita più importante del campionato, si sfidano Juventus e Inter. Io non voglio perdermela: _____ già il mio biglietto!

10. Ok, la valigia _____ pronta: _____ messo i vestiti, le scarpe da trekking, lo zaino e la borraccia. Adesso _____ tutto l'occorrente e mi resta solo di partire!

Un po' di grammatica: understanding the verb *piacere*

The verb, **piacere**, which means *to like*, confuses students of Italian because of the odd construction. Let's review how this verb works in Italian!

First, it helps to think of this verb as meaning *to be pleasing (to someone)*. Take for example the following phrase in English:

> *I like coffee.*

In Italian, you could say:

> **Mi piace** il caffè.
> Il caffè **piace a me**.
> Il caffè **mi piace**.
>
> *I like coffee.* (literally: *The coffee is pleasing to me.*)

As you can see, the object that is being liked is the **subject** of our phrase. Remember: in Italian, the subject determines the number of the verb. Now what if I like both *coffee* and *tea*?:

> **Mi piacciono** il caffè e il te.
>
> *I like coffee and tea.*

Notice how the third person plural is used in our example above because our subject is in the plural!

But what if the coffee and tea are liked by *you*. I would say to *you*:

> **Ti piacciono** il caffè e il te.
>
> *You like coffee and tea.*

And what about *us*? Say for example, you and I (*we*) like both:

> **Ci piacciono** il caffè e il te.
>
> *We like coffee and tea.*

Notice how the indirect object pronoun is used where in English the subject pronoun would be used? Now what if it is a specific person, like Gianna, who likes *tea* and *coffee*:

> **A Gianna piacciono** il caffè e il te.
>
> *Gianna likes coffee and tea.*

To recap: remember that the person who *likes* is not the subject of our phrase but the indirect object (**il complemento di termine**). The subject, which determines the number of our verb, is the thing *being liked*. This often makes our verb in the plural even when only one person *likes* something.

Don't forget that in compound tenses **piacere** requires the auxiliary **essere**. The past participle must agree in gender and number with the subject. In other words, the thing being liked (our subject) determines the form of our past participle:

> A Gianna **sono piaciuti** il caffè e il tè di quella famosa marca americana l'anno scorso, ma ora non **le piacciono** più. Secondo lei ora hanno troppa caffeina e troppa teina.
>
> *Gianna liked coffee and that famous American brand of tea last year, but now she doesn't like them anymore. In her opinion, they have too much caffeine and theine.*

Furthermore, infinitives immediately follow **piacere** -- no prepositions are needed:

> Mi piace **ballare**!
>
> *I like to dance.*

Note that several other verbs follow this similar pattern, such as **servire, occorrere, bastare**, etc.

Lastly, be careful when you want to say that you *also* like something. Note the placement of **anche** and the use of the tonic pronoun instead of an indirect object pronoun:

> Michele:
> **Mi** piace ballare!
> *I like to dance.*
>
> Giovanni:
> **Anche a me** piace ballare!
> *I like to dance, too!*

Esercizio 2 / *Exercise 2*

Nel seguente esercizio, scegli la forma corretta del verbo **piacere** in base al contesto fornito. / *In the exercises below, choose the correct form of the verb **piacere** based on the context provided.*

1. _____ del suo quartiere. (**piacere - presente indicativo - a Sandra - i nuovi addobbi natalizi**)

2. Ti ricordi l'anno scorso? Non_____
   e ti sei lamentato tutto il tempo. Per questo motivo, quest'anno, decidi tu dove andare: vediamo se hai il coraggio di lamentarti! (**piacere - imperfetto indicativo - tu - la vacanza al mare**).

3. Non ho mai assaggiato il caffè americano. Non so ancora se _____ o no. (**piacere - presente indicativo - io**).

4. I genitori di Alessia le hanno fatto un regalo straordinario per il suo diciottesimo compleanno: le hanno fatto un assegno con cui può andare in una concessionaria e scegliere l'automobile che più _____. Che lusso! (**piacere - presente indicativo - lei**).

5. Credete che sia importante fare un lavoro che _____? (**piacere - presente congiuntivo - voi**).

6. Si dice che _____ per mantenere fresca la propria pelle. (**piacere - congiuntivo imperfetto - a Cleopatra - fare il bagno nel latte d'asina**).

7. Quando ero piccolo non _____; adesso, invece, li adoro! (**piacere - imperfetto indicativo - io - i broccoli**).

8. "_____?" "Questa settimana proiettano gli ultimi tre film italiani che hanno vinto l'Oscar come Miglior Film Straniero. (**piacere - presente indicativo - tu - i film italiani**).

9. Non _____ andare a cena fuori. Siamo dei tipi abbastanza casalinghi e preferiamo cucinarci il cibo da soli. (**piacere - presente indicativo - noi - andare a cena fuori**).

10. _____. Per questo, la loro zia gliene regalerà uno ciascuno per il loro compleanno. (**piacere - presente indicativo - a Carlo e Andrea - i videogiochi**).

11. Devi venire a pattinare sul ghiaccio con me il prossimo fine settimana. Sono sicuro che _____! (**piacere - futuro semplice indicativo -tu**).

12. Da bambini _____ . Giocavamo con qualsiasi cosa! (**piacere - imperfetto indicativo - io e mia sorella - passare i pomeriggi a casa dei nonni**).

13. Dieci anni fa provai per la prima volta a sciare e _____. Da allora non ho più smesso di sciare. (**piacere - passato remoto indicativo - io**).

14. Sapete che non _____ . Perché continuate a invitarli a mangiare la pasta allora? (**piacere - presente indicativo - loro - i cibi italiani**).

15. Mia nonna mi diceva sempre: "quando cresci dovrai lavorare, che _____ o no!".
(**piacere** - **congiuntivo presente** - **tu**).

Reflexive & Pronominal Verbs

singular	plural
mi	ci
ti	vi
si	si

Reflexive (and pronominal verbs) are verbs in Italian that end in -si, such as vestirsi, arrabbiarsi, or lavarsi. True reflexive verbs in Italian, **i verbi riflessivi**, direct the action back toward the subject

In many Italian dictionaries, you will often see reflexive verbs labeled as **verbi pronominali**. Pronominal verbs act like reflexive verbs: they use the same reflexive pronouns, and the reflexive pronouns are a necessary part of the construction. However, the action is not necessarily directed back onto the subject. The reflexive pronoun becomes a necessary grammatical element in pronominal constructions.

Exercise 2 below will help you practice using reflexive verbs.

Esercizio 3 / *Exercise 3*
Coniuga e inserisci la forma corretta al presente indicativo dei verbi riflessivi e pronominali negli spazi vuoti. / *Conjugate and insert the correct form of the present indicative of the reflexive and pronominal verbs in the blank spaces.*

1. La mattina, appena _____ (**svegliarsi**), vado in cucina e _____ (**farsi**) un bel caffè. Poi, _____ (**lavarsi**) la faccia e i denti.

2. Clara _____ (**vestirsi**) sempre allo stesso modo. Sua mamma è stufa di questo e vorrebbe che cambiasse stile.

3. _____ (**alzarsi**) presto tutte le mattine perché lavoriamo in un bar vicino all'ufficio delle Poste. Tutti i lavoratori dell'ufficio vengono lì per fare colazione prima di andare a lavoro.

4. Quando torno a casa dopo l'ufficio, per prima cosa _____ (**togliersi**) i vestiti da lavoro e _____ (**mettersi**) una tuta. Voglio stare comodo!

5. Dopo una giornata così faticosa, Claudia torna a casa e _____ (**farsi la doccia**), mentre Giacomo _____ (**mettersi**) il pigiama e _____ (**addormentarsi**) sul divano.

6. Di solito _____ (**pettinarsi**) i capelli la mattina prima di uscire di casa, ma ieri si è rotta la spazzola e questa mattina non lo ho fatto. I capelli sono un disastro oggi!

7. _____ (**piacere**) la nuova auto di Franco? Hai visto quanto è bella? È la nuova berlina di una casa automobilistica tedesca, la voglio comprare anche io non appena avrò i soldi necessari!

8. Piacere! Io _____ (**chiamarsi**) Gaetano e ho trent'anni. Vengo da Milano e _____ (**trovarsi**) a Roma per una conferenza di lavoro. Voi come _____ (**chiamarsi**)?

9. Io e mia moglie siamo molto contenti della nostra nuova casa: abbiamo lavorato sodo per dipingere tutte le pareti ma ora _____ (**piacere**) molto. _____ (**piacere**) anche le nuove porte che abbiamo installato. È stata una fatica ma ne è valsa la pena!

10. I calciatori _____ (**prepararsi**) per il nuovo campionato intorno alla metà di agosto, così sono pronti a giocare all'inizio di settembre.

11. A colazione, Patrizia _____ (**prepararsi**) una tazza di latte e caffè con i biscotti. Poi _____ (**lavarsi**) e _____ (**vestirsi**) per essere pronta a uscire di casa alle 9.

12. Carlo e Camilla _____ (**attrezzarsi**) molto bene per il prossimo inverno. Hanno comprato molta legna per il camino e hanno montato le gomme termiche per la macchina.

13. Oggi ho voglia di un bel gelato: quando esco dal lavoro, passo in la gelateria e _____ (**comprarsi**) una coppetta grande con i miei gusti preferiti, ho deciso!

14. In genere i miei figli non _____ (**stancarsi**) facilmente, ma la lezione di nuoto di oggi li ha proprio annientati. Si sono addormentati alle 9 di sera ed è un miracolo!

Esercizio 4 / *Exercise 4*

Scegli e coniuga al presente indicativo, tra quelli proposti, il verbo giusto. Certi verbi si possono usare più di una volta. / *Choose and conjugate in the present indicative among those verbs below. Certain verbs can be used more than once.*

svegliarsi	farsi	cucinare	guardare
andare	tornare	ordinare	alzarsi
bere	fare	mangiare	comprare

La mia giornata

La mia giornata di solito si svolge in questo modo. La mattina (1) _____ alle 7, (2) _____ e (3) _____ colazione. (4) _____ tre fette biscottate con la marmellata e (5) _____ una tazzina di caffè e un bicchiere di succo d'arancia. Mia sorella, mio padre e mia madre, invece, (6) _____ il croissant che la mamma (7) _____ al bar. Poi (8) _____ la doccia e (9) _____ all'università. Mia sorella (10) _____ a scuola, mentre mia madre e mio padre (11) _____ al lavoro. Dopo una lunga e faticosa giornata (12) _____ tutti e quattro a casa per cena. A volte (13) _____ la pizza, altre volte (14) _____ a casa. Io e mia sorella (15) _____ a dormire alle dieci, mentre mia madre e mio padre (16) _____ la TV. Loro (17) _____ a dormire verso mezzanotte.

Un po' di grammatica: the past tenses in Italian

Italian has several tenses used to communicate events that happened in the past. In this section, we will explore the past tenses of the indicative (**indicativo**): **passato prossimo, imperfetto, passato remoto, trapassato prossimo**, and **trapassato remoto**

Passato prossimo

The **passato prossimo** is a compound tense that combines the verb **avere** or **essere** in the present tense with past participle of another verb. In general, transitive verbs (**verbi transitivi**) require **avere** in compound tenses although this is not always the case as a good number of intransitive verbs also take **avere** in compound tenses.

Note the formation of the past participles in the examples below. The past participle is formed by adding the suffixes -**ato**, -**uto**, and -**ito** to -**are**, -**ere**, and -**ire** verbs, respectively (see the tables on page 20).

Some verbs have irregular past participles: **essere** (**stato**), **mettere** (**messo**), **scrivere** (**scritto**), etc. See Appendix 5 for a listing of some of the common irregular past participles.

Remember that both **stare** and **essere** have the same past participle, **stato**.

Uses of the passato prossimo

The **passato prossimo** is used:

1. to describe actions that definitely took place in the past. These actions are often prefaced with specific references of time, such as **ieri, l'anno scorso, due fanni fa**, etc:

> A giugno **ho venduto** la casa e poi **mi sono trasferito** a Berlino.
>
> *I sold the house in June, and then I moved to Berlin.*

2. to describe actions in the past that took place and concluded one or more times but *are not habitually recurring*:

> Amo Roma un sacco! Ci **sono andato** nel 2002 e nel 2004.
>
> *I love Rome a ton! I went there in 2002 and 2004.*

3. to describe actions that take place successively one after the other, with each action starting and completing:

> Due giorni fa **sono andato** al supermercato e poi **ho deciso** di fare una passeggiata.
>
> *Two days ago I went to the supermarket, and then I decided to take a stroll.*

Il passato prossimo

cantare *to sing*

ho	cantato	abbiamo	cantato
hai	cantato	avete	cantato
ha	cantato	hanno	cantato

andare *to go*

sono	andato/a	siamo	andati/e
sei	andato/a	siete	andati/e
è	andato/a	sono	andati/e

credere *to believe*

ho	creduto	abbiamo	creduto
hai	creduto	avete	creduto
ha	creduto	hanno	creduto

cadere *to go*

sono	caduto/a	siamo	caduti/e
sei	caduto/a	siete	caduti/e
è	caduto/a	sono	caduti/e

finire *to finish*

ho	finito	abbiamo	finito
hai	finito	avete	finito
ha	finito	hanno	finito

salire *to get on*

sono	salito/a	siamo	saliti/e
sei	salito/a	siete	saliti/e
è	salito/a	sono	saliti/e

svegliarsi *to wake up*

sono	svegliato/a	siamo	svegliati/e
sei	svegliato/a	siete	svegliati/e
è	svegliato/a	sono	svegliati/e

Imperfetto

This tense often confuses students of Italian, but an easy way to think about this tense is to think of the name of it: **imperfetto.** This tense refers to actions which do not conclude "nicely"; in other words, there is something *imperfect* about them. For example, actions that happen habitually, start and end, start and end, and never conclude *perfectly.* Actions that happens concurrently with other actions are also considered imperfect. Descriptions of physical states and psychological conditions, as well as descriptions of people in the past, also fit into this category.

The **imperfetto** is not a difficult tense to conjugate, but there are a few irregular verbs. The regular conjugations of the **imperfetto** can be seen below:

	andare	**credere**	**finire**
io	and**avo**	cred**evo**	fin**ivo**
tu	and**avi**	cred**evi**	fin**ivi**
lui/lei	and**ava**	cred**eva**	fin**iva**
noi	and**avamo**	cred**evamo**	fin**ivamo**
voi	and**avate**	cred**evate**	fin**ivate**
loro	and**avano**	cred**evano**	fin**ivano**

The following verbs have irregular conjugations in the **imperfetto**:

essere: ero, eri, era, eravamo, eravate, erano

bere: bevevo, bevevi, beveva, bevevamo, bevevate, bevavano

dire: dicevo, dicevi, diceva, dicevamo, dicevate, dicevano

fare: facevo, facevi, faceva, facevamo, facevate, facevano

We use the imperfect when:

1. we want to describe people, things, places or situations in the past, especially when the time is unknown, unspecified or vague:

> Nel passato Roma **era** sempre una città affascinante e bella. Adesso è un po' malandata e sporca.
>
> *In the past Rome was always a fascinating and beautiful city. Now it is a bit rundown and dirty.*

2. we want to describe actions that took place regularly or habitually (In English, we express this using the expression, *used to*) Often, these kinds of actions are anchored in a past event that is known but whose start and beginning are vague For example:

> Quando studiavo a Roma, **andavo** sempre a prendere un caffè al Bar Greco.
>
> *When I was studying in Rome, I used to always go get a coffee at Bar Greco.*

3. two actions are taking place at the same time:

> Mentre **leggevo**, ascoltavo un po' di musica classica.
>
> *While I was reading, I was listening to a bit of classical music.*

4. we want "to set the scene" (we use the **passato prossimo** or **passato remoto** when we want to interrupt an action that has already "set the scene"):

> Mentre **andavo** al supermercato, ho incontrato Paolo.
>
> *While I was going to the supermarket, I ran into Paolo.*

Some other useful points of grammar:

- The verb **sapere** in the passato prossimo has the meaning of *to find out*:

  > Quando **ho saputo** di essere stato bocciato, ero molto depresso!
  >
  > *When I found out I had flunked, I was very depressed.*

- The verb **conoscere** can often mean *to know* in the imperfect, but in the passato prossimo often means *to meet* or *to get to know*:

  > Maria aveva paura perché non **conosceva** nessuno al congresso ma alla fine ha conosciuto due signore simpatiche.
  >
  > *Maria was afraid because she didn't know anyone at the conference, but in the end she met two nice women.*

- The modals **volere**, **potere**, and **dovere** have different meanings in the **imperfetto** and **passato prossimo**:

  - the **imperfetto** is often used when we want to communicate something we intended to do but didn't for some reason:

    did not follow through (with two actions in the imperfetto):

    > **Volevo** comprare per mia madre un bel regalo per Natale ma non ci **riuscivo**!
    >
    > *I wanted to buy my mom a nice gift for Christmas, but I wasn't able to.*

followed through with our intent to do something by ending with the passato prossimo:

> **Volevo** comprare per mia madre un bel regalo e per fortuna **ho trovato** un saldo in un negozio vicino al mio ufficio!
>
> *I wanted to buy my mom a nice gift, and luckily I found a sale in a store near my office.*

- the **passato prossimo** is used when we want to communicate something we intended to do and surely did it:

> **Ho voluto** comprare per mia madre un bel regalo e finalmente l'**ho fatto**: un bel paio di orecchini!
>
> *I wanted to buy a nice gift for my mother, and I finally did it: a nice pair of earrings!*

Passato remoto

Il passato remoto or *the remote past* is used to express an action that took place in the past and no longer has any direct bearing on the present. It is used to express completed actions, and, in writing, you will see this tense often coupled with the **imperfetto**. It is generally used in written Italian to recount historic and biographical information as well as in many stories and fictional writing. Although this tense is predominantly written, you may hear it spoken more in Central and Southern Italy, although this use is certainly on the wane.

Because we do not use this tense all that often when speaking, try to get into the habit of reading books and stories that make use of this tense. The chart below illustrates the regular conjugation pattern for this tense:

	cantare	**credere***	**finire**
io	cant**ai**	cred**ei** *or* cred**etti**	fin**ii**
tu	cant**asti**	cred**esti**	fin**isti**
lui/lei	cant**ò**	cred**é** *or* cred**ette**	fin**ì**
noi	cant**ammo**	cred**emmo**	fin**immo**
voi	cant**aste**	cred**este**	fin**iste**
loro	cant**arano**	cred**erono** *or* cred**ettero**	fin**irono**

*Note that the first person singular, third person singular, and the third person plural of regular -ere verbs have a second form *if and only if* the stem **does not** end in **-t**!

There are many irregular verbs in the **passato remoto**: too many to list here! See Appendix 6 for a list of common irregular verbs in this tense.

Trapassato prossimo

Il trapassato prossimo is used to indicate an action that took place *before* another action in the past. Like the **passato prossimo**, it is a compound tense made up of **avere** or **essere** + **participio passato**.

In the schematic below, you can see how the tenses are laid out *temporally*:

trapassato prossimo   *passato prossimo* or *imperfetto*   *presente*

As you can see, the **trapassato prossimo** comes *before* other actions in the past. This is a hard tense to learn because in English we tend to be sloppy, especially when we speak. However, Italian requires slightly more precision. Always remember that when you are speaking about or writing about an action that took place *in the past before another action in the past*, this tense must be used.

It is often used after expressions such as **dopo che, siccome, appena/non appena**:

> Dopo che **aveva visto** che i panini **erano preparati** senza rispettare le norme igieniche, Giulia **decise** di non tornare più in quel ristorante.
>
> *After she had seen that the sandwiches had been prepared without respecting sanitary regulations, Giulia decided not to return anymore to that restaurant.*

> Siccome **eri stato** gentile con me quel giorno, **ho deciso** di farti un regalo.
>
> *Since you were nice to me that day, I decided to give you a gift.*

> Non appena **aveva comprato** il biglietto per il concerto, Marta si ricordò che non poteva andarci, perché quel giorno avrebbe lavorato.
>
> *As soon as she had bought the ticket for the concert, Marta remembered she couldn't go because that day she would have to work.*

This tense is typically used more often in subordinate clauses:

> Martina era furiosa perché cercava le chiavi di casa da 20 minuti e non ricordava dove le **aveva lasciate**.
>
> *Martina was furious because she looked for her house keys for 20 minutes and didn't remember where she had left them.*

In the example above, she obviously left her keys somewhere *at least 20 minutes before* she began looking for them. Therefore, the **trapassato prossimo** must be used. The following example also shows the use of the trapassato prossimo:

> Volevo regalarti un biglietto per il concerto degli U2 perché te l'**avevo promesso**.
>
> *I wanted to give you a concert ticket for U2 as a gift because I had promised it to you.*

In the example above, the speaker promised the tickets to some person in the past.

This tense can also be used in independent clauses with the proper context:

> Non trovo le chiavi di casa. Le **avevo lasciate** sul tavolo della cucina ma sono sparite!
>
> *I can't find my house keys. I left them on the kitchen table, but they have disappeared.*

Carla: Domani andiamo a sciare, vuoi venire? Serve solo la tuta da sci, il resto lo puoi affittare.

Carla: Tomorrow we are going skiing, want to come? You only need your snowsuit, the rest you can rent.

Roberta: Ottimo! **Avevo comprato** gli sci due anni fa ma non li ho mai usati. Certo che vengo.

Roberta: Excellent! I had bought skis two years ago, but I have never used them. Of course I am coming.

Esercizio 5 / *Exercise 5*

Scegli e coniuga, in base al contesto della frase, i verbi al passato remoto o all'imperfetto o al passato prossimo. Attenzione, il passato prossimo compare solo una volta in questo esercizio! / *Choose and conjugate the verbs in the passato remoto or the imperfect based on the context of the phrase. Pay attention: the passato prossimo appears only once in this exercise!*

La polizia ha finalmente risolto il mistero del furto di un famoso quadro di Leonardo avvenuto cinque anni fa. Dopo accurate indagini, gli investigatori hanno scoperto chi (1) _____ (**essere**) il ladro: un uomo di 55 anni che (2) _____ (**essere**) senza lavoro e non (3) _____ (**sapere**) come sfamare i propri figli. L'uomo (4) _____ (**sapere**) che il quadro si trovava nella chiesa della sua città e non (5) _____ (**essere**) sorvegliato. Così, una sera, (6) _____ (**decidere**) di andare a rubarlo per poi venderlo al mercato di contrabbando. (7) _____ (**entrare**), (8) _____ (**prendere**) il quadro e lo (9) _____ (**portare**) nella casa di campagna della madre. Lo (10) _____ (**nascondere**) per bene mentre (11) _____ (**aspettava**) possibili acquirenti. Il quadro (12) _____ (**venire**) acquistato da un ricco signore che lo (13) _____ (**appendere**) nel salone della sua villa. A denunciare l'accaduto (14) _____ (**essere**) la donna delle pulizie del signore che si (15) _____ (**accorgere**) che il quadro che la polizia (16) _____ (**cercare**) da molto tempo era proprio quello appeso in casa del suo datore di lavoro!

Un po' di grammatica: **avere** or **essere**?

Students always lament that they can never tell which verbs take **avere** or **essere** in compound tenses Here are some guidelines to help you through the process:

1. Transitive verbs (**verbi transitivi**) take **avere** in compound tenses. Transitive verbs are those verbs that have a direct object (**complemento di oggetto diretto**). There are several *intransitive verbs* (**verbi intransitivi**) that take **avere** in compound tenses, too. When in doubt, always check a dictionary:

   > Michele **ha visto** il panorama dal promontorio.
   >
   > Michele saw *the panorama* from the promontory.

2. All reflexive and pronominal verbs (**-si**) require **essere** in compound tenses (**NB:** the past participle agrees in gender & number with the subject with reflexives/pronominals):

   > **Si sono svegliati** tardi e hanno perso il treno!
   >
   > *They woke up late and missed the train!*

3. Intransitive verbs of motion (**andare, salire, scendere, venire**) verbs that indicate where you are (**essere, stare, rimanere**), or those verbs that indicate growth, development, and changes (**crescere, dimagrire, ingrassare, morire,** and **nascere**) generally take **essere** in compound tenses:

   > Non sopporto le feste: l'anno scorso **sono ingrassato** perché mangiavo troppo!
   >
   > *I can't stand the holidays: last year I gained weight because I was eating too much!*

4. Verbs that have indirect constructions also take **essere** in compound tenses (**piacere, mancare, sembrare, succedere**):

> Marina, è una vita che non ci vediamo! **Mi sei mancata!**
>
> *It's been a long time since we've seen each other! I missed you!*

5. Many verbs can take both auxiliaries. This depends on whether that verb is used transitively or intransitively:

> **Abbiamo passato** una bella vacanza a Roma.
> *We spent a nice vacation in Rome.*
>
> **Siamo passati** dai tuoi genitori! Stanno bene!
> *We stopped by your parents! They're well!*

6. The auxiliary used with modals is dependent upon the infinitive that follows:

> **Non sono voluto andare** al cinema: sono stanco di stare fuori.
>
> *I didn't want to go to the movies: I am tired of being out.*

> **Ho potuto comprare** la giaccia dopo che avevo trovato 50 euro dentro il portafoglio.
>
> *I was able to buy the jacket after I had found 50 euro in my wallet.*

Esercizio 6 / *Exercise 6*

Coniuga i verbi proposti al passato prossimo, imperfetto o trapassato prossimo. / *Conjugate the verbs indicated in the passato prossimo, imperfetto, or trapassato prossimo.*

Che bella (1) _____ (**essere**) la festa di compleanno di Sophie l'anno scorso! (2) _____ (**andare**) a festeggiarla in Australia! Tutto (3) _____ (**succedere**) perché mia madre (4) _____ (**vincere**) due anni fa una vacanza premio a Melbourne con la sua compagnia aerea. (5a) _____ sempre (5b) _____ (**volere,** 5a and 5b) visitare l'Australia e quindi (6) _____ (**decidere**) di andare lì per il suo diciottesimo compleanno. Anche i nostri nonni (7) _____ (**venire**) con noi. (8) _____ (**soggiornare**) in un hotel bellissimo, con la piscina e la spa. La festa di Sophie (9) _____ (**svolgersi**) proprio in piscina perché il tempo (10) _____ (**essere**) bellissimo e (11) _____ (**fare**) molto caldo. Sophie (12) _____ (**commuoversi**) quando (13) _____(**vedere**) la torta. Non (14) _____ (**aspettarsi**) un compleanno così!

Il congiuntivo / *The subjunctive*

We address the subjunctive (**Il vero italiano, 216-218**) in Chapter 8 of **Il vero italiano**. Because several different conjunctions can also affect the mood (**indicativo** or **congiuntivo**) chosen, our succinct summary of the subjunctive will be useful in completing the exercises below. Remember that the subjunctive generally follows **che** with certain verbs that express doubt, opinions, fears, etc., as well as several conjunctions and certain grammatical constructions.

Esercizio 7 / *Exercise 7*

Coniuga i verbi proposti al tempo del congiuntivo più appropriato. / *Conjugate the verbs indicated using the correct subjunctive tense as indicated.*

1. Alfredo, credi che _____ (**essere**) questo il modo giusto di comportarsi? Non ti dispiace che per colpa tua tutti noi _____ (**subire**) le conseguenze del tuo comportamento?

2. Marisa crede che tutti i suoi amici _____ (**essere**) sinceri con lei ma si sbaglia. Qualcuno parla male di lei alle sue spalle.

3. Se io _____ (**sapere**) come aiutarti, lo farei. Potresti dirmi come vuoi che io _____ (**sistemare**) i libri della biblioteca?

4. Vorreste che io e Claudia _____ (**partecipare**) alla raccolta dei soldi per il regalo di Alessandro? Credo che _____ (**essere**) giusto che _____ (**partecipare**) anche noi, visto che ci ha invitato alla sua festa di laurea.

5. Il presidente ritiene che _____ (**essere**) un grande errore per l'azienda non acquistare le azioni in borsa.

6. Se le cose stanno così, allora non capisco perché io _____ (**dovere**) accettarle. Non mi va bene!

7. Molti italiani sostengono che _____ (**essere**) più sicuro risparmiare soldi, piuttosto che spenderli per acquisti inutili. Non si sa mai cosa può succedere!

8. Se il tempo sarà bello il prossimo weekend, mi piacerebbe che noi _____ (**andare**) al mare. L'estate sta per finire e poi non sarà più possibile andarci per un bel po' di tempo.

9. Mara e Martina non sapevano se _____ (**essere**) meglio dire la verità o se _____ (**essere**) dire una bugia. Non volevano che la loro amica Caterina _____ (**soffrire**).

10. Se ti _____ (**conoscere**) prima, ti avrei invitato a venire alla partita di Hockey con noi!

Soluzioni / *Answers*

Esercizio 1

1. è, ha
2. ha, è
3. sono, siamo
4. hai
5. ha, è, è, ha
6. abbiamo, è
7. abbiamo, siamo
8. sono, hanno, sono
9. avete, è, ho
10. è, ho, ho

Esercizio 2

1. A Sandra piacciono i nuovi addobbi natalizi del suo quartiere.
2. Non ti piaceva la vacanza al mare.
3. Se mi piace o no.
4. Le piace.
5. Vi piaccia?
6. A Cleopatra piacesse fare il bagno nel latte d'asina.
7. Non mi piacevano i broccoli.
8. Ti piacciono i film italiani?
9. Ci piace andare a cena fuori.
10. A Carlo e Andrea piacciono i videogiochi.
11. Ti piacerà.
12. A me e a mia sorella piaceva passare i pomeriggi a casa dei nonni.
13. Mi piacque.
14. A loro non piacciono i cibi italiani.
15. Che ti piaccia o no!

Esercizio 3

1. mi sveglio, mi faccio, mi lavo
2. si veste
3. ci alziamo
4. mi tolgo, mi metto
5. si fa, si mette, si addormenta
6. mi pettino
7. ti piace
8. mi chiamo, mi trovo, vi chiamate
9. ci piace, ci piacciono
10. si preparano
11. si prepara, si lava, si veste
12. si attrezzano
13. mi compro
14. si stancano

Esercizio 4

1. mi sveglio
2. mi alzo
3. faccio
4. Mangio
5. bevo
6. mangiano
7. compra
8. mi faccio
9. vado
10. va
11. vanno
12. torniamo
13. ordiniamo
14. cuciniamo

15. andiamo
16. guardano
17. vanno

Esercizio 5

1. era
2. era
3. sapeva
4. sapeva
5. era
6. decise
7. entrò
8. prese
9. portò
10. nascose
11. aspettava
12. venne
13. appese
14. è stata
15. accorse
16. cercava

Esercizio 6

1. è stata/fu
2. siamo andati
3. è successo
4. aveva
5. (**5a**) abbiamo sempre (**5b**) voluto
6. abbiamo deciso
7. sono venuti
8. abbiamo soggiornato
9. si è svolta
10. era

11. faceva
12. si è commossa
13. ha visto
14. si aspettava

Esercizio 7

1. sia, subiamo
2. siano
3. sapessi, sistemi
4. partecipassimo, sia, partecipassimo
5. sia
6. debba
7. sia
8. andassimo
9. fosse, fosse, soffrisse
10. avessi conosciuto

2
Nouns & Articles

This chapter will feature exercises to help you practice using nouns and articles. It corresponds to Chapters 2 and 3 in *Il vero italiano*.

Venice: Grand Canal

Introduction

This chapter will help you to practice what you learned in Chapters 2 and 3 of **Il vero italiano**. Those two chapters covered the usage of nouns and the definite and indefinite articles. Be sure to consult them before attempting the exercises below.

Esercizio 1 / *Exercise 1*

Scegli e inserisci i sostantivi corretti al singolare o al plurale, in base al contesto. / *Choose and insert the correct noun in the singular or plural depending on the context.*

sogno	pallone	amore	calciatori
nazionale	allenamenti	paesi	allenatore
passione	carta	genitori	squadre

Certe parole si possono usare più di una volta. / *Some words may be used more than once.*

A Marco piace giocare a calcio. Fin da quando era piccolo, appena vedeva un _____ (1), subito iniziava a giocarci. Non importava che il pallone fosse di plastica, di gomma, di spugna o fatto di _____ (2) stropicciata e tenuta insieme con il nastro adesivo: Marco doveva giocare a calcio. Fu così che i suoi _____ (3) lo iscrissero ad una scuola di calcio, dove Marco, insieme ad altri bambini, si allenava tre volte a settimana. Gli _____ (4) erano faticosi: _____ (5) era molto severo e voleva che i suoi giovani _____ (6) imparassero per prima cosa che questo sport, come ogni sport, è impegno e sacrificio, oltre che _____ (7) e divertimento. Gli anni passarono ma l'_____ (8) di Marco per il calcio aumentava. Piano piano, il ragazzo cominciò a farsi notare da _____ (9) sempre più importanti, fino ad arrivare alla Serie A, la categoria più importante in Italia. Oggi, il _____ (10) di Marco è quello di giocare nella _____ (11) ed avere così la possibilità di incontrare i _____ (12) di altri _____ (13).

Irregular Plurals

There are some exceptions to the rules of forming the plural of Italian nouns. This short exercise will help you to practice. Remember: When in doubt, consult a dictionary. All dictionaries list nouns whose plurals are irregular.

Esercizio 2 / *Exercise 2*

Volgi le seguenti frasi al plurale. Attenzione: i sostantivi sottolineati non seguono la regola generale di formazione del plurale! / *Change the following phrases to the plural. Pay attention: the underlined nouns do not follow the general rules regarding the formation of plurals!*

1. Stamattina ho rotto un uovo: mi è caduto dalla mano mentre stavo chiudendo il frigorifero.

_____

_____

2. Nella fattoria si allevano animali: c'è una mucca, c'è una gallina, c'è un'oca, c'è una pecora e c'è un bue.

_____

_____

3. Oggi vado al negozio a fare shopping: voglio comprare un paio di scarpe e un paio di guanti.

_____

Articolo determinativo / *Definite Article*

Remember that the definite article in Italian corresponds to *the* in English. The rules governing the use of the definite article should be studied, memorized, and mastered. The definite articles change depending on the gender and number of the noun they precede:

masculine			feminine	
singular		plural	singular	plural
il	lo (l')*	gli	i	la (l')*	le

*l' is the elision of **lo** or **la** when they precede a noun that begins with a vowel.

Esercizio 3 / *Exercise 3*

Scegli e inserisci l'articolo determinativo corretto negli spazi bianchi. / *Choose and insert the correct definite article in the blanks.*

_____ (1) gatto è un animale domestico. Appartiene alla famiglia dei felidi ed è diffuso in tutto _____ (2) mondo. Si pensa che il gatto sia stato addomesticato più di settemila anni fa e da allora il suo rapporto con _____ (3) esseri umani è stato indissolubile. Esistono molte razze di gatti, _____ (4) razze più famose sono forse _____ (5) gatto siamese, _____ (6) gatto certosino, _____ (7) gatto persiano e _____ (8) famoso Devon Rex, con _____ (9) peli cortissimi e _____ (10) occhi e _____ (11) orecchie grandi. _____ (12) gatti hanno dei sensi molto sviluppati: _____ (13) udito e _____ (14) vista sono i due sensi che più contraddistinguono questo animale fantastico, rendendolo, a torto o ragione, _____ (15) animale da compagnia preferito insieme al cane.

Articolo indeterminativo / *Indefinite Article*

Remember that the indefinite article corresponds to *a* or *an* in English. The rules governing the use of the definite article should be studied, memorized, and mastered. The indefinite articles change depending on the gender and number of the noun they precede:

masculine		feminine
un	uno	una (*un')

Nota Bene: **Un'** is only used with feminine nouns, *never* with masculine nouns.

Esercizio 4 / *Exercise 4*

Inserisci l'articolo indeterminativo corretto negli spazi bianchi. / *Insert the indefinite article in the blanks provided.*

(1) _____ amico (2) _____ giorno mi ha detto: "Perché non lasci tutto e ti trasferisci a vivere in Sud America?" All'inizio pensavo che la sua fosse (3) _____ battuta semplice, buttata lì, giuste per parlare. Invece, piano piano, quella sua frase cominciò a insinuarsi sempre di più nella mia testa, fino a che, (4) _____ mattina di febbraio, mollai davvero tutto e partii, destinazione Buenos Aires! Non avevo (5) _____ casa, (6) _____ lavoro, (7) _____ contatto, niente! Era (8) _____ avventura, la più grande avventura della mia vita. Dopo tutto, pensai (9) _____ italiano non può spaventarsi davanti alle avventure e alle cose sconosciute: alcuni dei più grandi esploratori del passato erano italiani! E così oggi eccomi qui, a Buenos Aires, con (10) _____ impresa di successo, (11) _____ appartamento grande al centro, (12) _____ famiglia e molta soddisfazione!

Partitivo / *Partitive*

The partitive in Italian is formed with articulated forms of the preposition **di** (see the chart below). Remember that the partitive represents some unknown quantity. In English, we would translate this as *some*:

articulated forms of the preposition DI	definite article
del	il
dello	lo
della	la
dei	i
degli	gli
delle	le

Esercizio 5 / *Exercise 5*

Inserisci il partitivo corretto nelle seguenti frasi. Attenzione, in alcuni casi il partitivo non va inserito (vedi regola su Il vero italiano)! / *Insert the correct partitive for the prhases below. Attention: in some phrases the partitive is not used (see the rules in* **Il vero italiano**):

1. Ieri alla festa c'erano molti stranieri: _____ ragazze francesi, _____ tedeschi e _____ spagnoli.

2. "Marta, stai uscendo?"

    "Sì, vado al supermercato. Ti serve qualcosa?"

    "Sì, sto preparando la macedonia di frutta per la cena di domani ma non ho né _____ albicocche né _____ mele e vorrei mettercele. Me ne prenderesti _____?"

3. L'estate scorsa in montagna abbiamo visto _____ cervi e anche _____ lupi. Dal vivo sono ancora più belli!

4. Ho _____ belle notizie da darvi, ragazzi. Dopo mesi di duro lavoro, finalmente ho ottenuto una promozione!

5. "Cosa ha fatto Lucio ieri sera?"

   "Ha detto che è andato al cinema."

   "E con chi?"

   "Con _____ amici"

Soluzioni / *Answers*

Esercizio 1

1. pallone
2. carta
3. genitori
4. allenamenti
5. l'allenatore
6. calciatori
7. passione
8. amore
9. squadre
10. sogno
11. nazionale
12. calciatori
13. paesi

Esercizio 2

1. Stamattina ho rotto le uova: mi sono cadute dalle mani mentre stavo chiudendo il frigorifero.
2. Nelle fattorie si allevano animali: ci sono le mucche, ci sono le galline, ci sono le oche, ci sono le pecore e ci sono i buoi.
3. Oggi vado al negozio a fare shopping: voglio comprare due paia di scarpe e due paia di guanti.

Esercizio 3

1. Il
2. il
3. gli
4. le
5. il
6. il
7. il
8. il
9. i
10. gli
11. le
12. i
13. l'
14. la
15. l'

Esercizio 4

1. un
2. un
3. una
4. una
5. una
6. un
7. un
8. un'
9. un
10. un'
11. un
12. una

Esercizio 5

1. Alcune o delle, alcuni o dei, alcuni o degli
2. Né albicocché, né mele (no partitivo qui!), alcune
3. Dei o alcuni, dei o alcuni
4. Delle
5. Con amici o con degli amici

3
Adjectives

This chapter will feature exercises to help you practice using adjectives It corresponds to Chapters 4 in *Il vero italiano.*

Catania: Piazza Duomo

Introduzione / *Introduction*

In Italian, adjectives (**gli aggettivi**) are specifiers that add detail or characteristics to the nouns that they modify. There are two types of adjectives in Italian, **qualificativi**, which are descriptive (la mela **rossa** / *the red apple*) or **determinativi** (la **mia** mela / *my apple*), which indicate qualities such as quantity, ownership, or closeness.

The exercises featured in this chapter will help you practice adjective agreement, comparisons, and possessive adjectives. **Chapter 4** of **Il vero italiano** contains all the information you need to complete these exercises. Some charts and tables have been included where necessary.

Esercizio 1 / *Exercise 1*

Concorda la coppia aggettivo/nome in base al contesto. / *Make the noun/adjective pair agree based on the context provided.*

1. Che (**bello/paio**) _____ di scarpe che ha comprato Angela!

2. Nonostante i (**disperato/tentativo**) _____, quest'anno la mia squadra di calcio non vincerà il campionato.

3. Mi manca la montagna: i (**verde/pascolo**) _____, le (**cima/innevata**) _____, le (**pecora/saltellante**) _____ e le _____ (**zuppa/deliziosa**) di mia nonna.

4. Della casa d'infanzia di Paolo non era rimasto nulla: non c'erano più le (**aiuola/fiorita**) _____, i (**quadro/appeso**) _____ sulle (**parete/bianca**) _____ e nemmeno i (**vecchio/pavimento**) _____.

5. Mi raccomando, prima di andare in vacanza consumate tutti gli alimenti nel frigo, altrimenti, al vostro ritorno, le (**uovo**) _____ saranno _____ (**marcio**), le (**verdura/appassita**) _____ e le (**fettina/puzzolente**) _____.

Comparativi / *Comparisons*

In **Il vero italiano** (p. 88-89), we examined how adjectives can be used to express comparisons (*more than, less than,* etc.). The exercises below help you to practice the first three degrees, **comparitivi di maggioranza** (+), **minoranza** (-) and **ugaglianza** (=). A review of this section in **Il vero italiano** is recommended.

Esercizio 2 / *Exercise 2*

Correggi le seguenti frasi di modo che gli aggettivi sottolineati diventino comparativi di maggioranza (+), di minoranza (-), o di uguaglianza (=). / *Correct the following phrases so that the underlined adjectives become comparativi di maggioranza, minoranza, or uguaglianza.*

For example:

piccolo (+) = **più piccolo**
piccolo (-) = **meno piccolo**
piccolo (=) = **tanto piccolo come**

1. Mi piacciono tutti i cani che ho visto oggi alla mostra però, se dovessi sceglierne uno, sceglierei quello di Annalisa perché ha il pelo **corto**. (+)

2. La casa di Franco è costruita con materiali **buoni** (+) rispetto a quella di Mauro.

3. La casa di Mauro è costruita con materiali **buoni** (-) rispetto a quella di Franco.

4. Io non credo che la casa di Franco sia costruita con materiali **buoni** (=) come quelli della casa di Mauro.

5. Il campo di calcio della squadra avversaria può accogliere una quantità **piccola** (+) di persone rispetto a quello della nostra squadra.

6. Il campo di calcio della nostra squadra può accogliere una quantità **grande** (+) di persone rispetto a quello della squadra avversaria.

7. Chi è **paziente** (-), tu o il tuo migliore amico? Mi chiese l'insegnante. Io risposi che lui è molto **paziente** (+) di me.

Compartivi, Superlativo assoluto, Superlativo relativo

In Chapter 4 in **Il vero italiano** (p. 86-92), we examine the different degrees of comparison. The exercises below increase somewhat in complexity but will help you to master the use of comparatives and superlatives.

Esercizio 3 / *Exercise 3*

Trasforma le seguenti frasi in modo che l'aggettivo sottolineato diventi: / *Transform the phrases below so that the underlined adjective becomes:*

- comparativo (comp +/-) (**più piccolo/meno piccolo**)

- superlativo assoluto (assoluto) (**piccolissimo**)

- superlativo relativo (rel +/-) (**il più piccolo/il meno piccolo**)

Attenzione, quando ti chiediamo di trasformare le frasi usando il superlativo relativo, le frasi che ti proponiamo non sono corrette in italiano, sta a te correggerle! / *Pay attention when we ask you to transofmr the phrases using the relative superlatives: the phrases that we ask you to change are incorrect as they are in Italian, you have to correct them!*

1. Questa casa è **rumorosa** (assoluto).

2. Questa casa è **rumorosa** (comp -) della casa in cui vivevamo l'anno scorso.

3. Questa casa è **rumorosa** (rel +) in cui abbiamo mai vissuto.

4. Secondo un sondaggio, cosa **importante** (rel +) nella vita è essere felici.

5. Secondo lo stesso sondaggio, cosa **importante** (rel -) sono i soldi.

6. La caffettiera è rotta: sono due giorni che il caffè che esce è **cattivo**. (assoluto)

7. La caffettiera di Paola fa un caffè **buono**. (assoluto)

8. Il risultato delle elezioni è stato **cattivo** (rel +) per il nostro partito. Nessuno dei nostri candidati è stato votato.

9. Cosa **buona** (rel +) da fare quando si è stressati, è rilassarsi e ricaricare le energie.

10. Mia sorella si è messa a dieta: assume una **piccola** (assoluto) quantità di carboidrati durante la settimana. Secondo me questa dieta è troppo drastica!

11. Mio fratello è molto **determinato** (assoluto). Ha sempre detto che la sua ambizione **grande** (rel +) è diventare milionario e secondo me ci riuscirà!

12. Mi piace il motto di Silvia: **poco** (assoluto) sforzo, **grande** (assoluto) rendimento.

13. In famiglia siamo tre figli: io sono **grande** (rel +), poi c'è Anastasia, e Matteo è **piccolo** (rel +).

14. La bambina raccontò alla mamma che la nuova maestra le piaceva molto: era **simpatica** (assoluto) e molto paziente.

15. Alcuni ritengono che studiare una nuova lingua sia **difficile** (assoluto), altri invece dicono che sia **facile** (assoluto). Chi avrà ragione?

Aggettivi possessivi / *Possessive Adjectives*

Possessive adjectives (or *determiners* as they are often called in English) modify nouns in Italian (**Il vero italiano, p. 96.99**). They must agree with the noun they modify in gender and in number. Remember that the definite article tends to precede the possessive adjective (however, **there are exceptions!**).

masculine		feminine	
il mio	i miei	la mia	le mie
il tuo	i tuoi	la tua	le tue
il suo	i suoi	la sua	le sue
il nostro	i nostri	la nostra	le nostre
il vostro	i vostri	la vostra	le vostre
il loro	i loro	la loro	le loro

Esercizio 4 / *Exercise 4*

Nella composizione che segue, Carlo, di dieci anni, descrive la propria famiglia. Gli aggettivi possessivi sono stati cancellati. Inseriscili correttamente negli spazi bianchi. / *In the story below, Carlo, who is 10 years old, describes his family. The possessive adjectives have been removed. Correctly insert them in the blanks provided.*

La mia famiglia

La mia famiglia è composta da quattro persone: me, i _____ (1) genitori e _____ (2) sorella. _____ (3) madre si chiama Anna, ha quarant'anni e fa la psicologa. _____ (4) padre si chiama Giuseppe, ha qurantaquattro anni e lavora come ingegnere presso una fabbrica di automobili. _____ (5) sorella, invece, si chiama Luisa ed ha quindici anni. Viviamo in una casa poco fuori Bologna: la _____ (6) casa è grande ed ha anche un giardino. Ai _____ (7) genitori piace molto utilizzare il _____ (8) giardino, specialmente d'estate, quando organizzano delle cene con i _____ (9) colleghi di lavoro o i _____ (10) amici. Abbiamo anche un cane, un pastore tedesco di nome Fido. Il _____ (11) cane è davvero un birbone: non sta fermo un attimo, gioca con qualsiasi cosa e a volte fa arrabbiare _____ (12) madre, perché mordicchia le _____ (13) scarpe eleganti. Che ridere! Spesso i nonni vengono a trovare me e _____ (14) sorella. L'altro giorno, ad esempio, mia sorella compiva quindici anni e sono venuti anche i nonni per la _____ (15) festa di compleanno. Le hanno regalato una cosa che Luisa voleva da molto tempo: una collana che la madre di _____ (16) nonna le aveva regalato per i _____ (17) quindici anni. La nonna, quindi, ha pensato che fosse giusto che la collana andasse adesso a _____ (18) nipote, per questo gliel'ha regalata. Io invece ho fatto vedere a _____ (19) nonno la _____ (20) collezione di soldatini, mi piacciono molto e ne ho parecchi. Mi piace la _____ (21) famiglia, è molto unita e ci vogliamo bene.

Esercizio 5 / *Exercise 5*
Inserisci gli aggettivi possessivi corretti nelle seguenti frasi. / *Insert the correct possessive adjective in the blanks provided.*

1. Marco, Laura: prendete le _____ cose e andatevene! Il _____ comportamento è inqualificabile per questa azienda!

2. Non trovo più i miei occhiali da sole, li avevo poggiati sul tavolino del salotto ma non ci sono più. Mi chiedo se Luigi non li abbia confusi con i _____ e li abbia presi lui!

3. Che bella la _____ giacca! Dove l'hai comprata?

4. Tommaso ci ha detto che non possiamo guidare la _____ macchina. È molto geloso delle _____ cose.

5. Devo fare un regalo alla mamma di Andrea per il _____ compleanno e ho pensato di comprarle una bottiglia del _____ vino preferito.

6. La _____ scuola è davvero vicina alla _____ casa, siete davvero fortunati! Io mi devo svegliare alle sei di mattina per raggiungere la _____ scuola.

7. "Qual è la _____ canzone preferita?" mi ha chiesto la ragazza che ho conosciuto l'altro giorno e io non sapevo cosa rispondere, mi piacciono troppe canzoni!

8. Qualcuno ha lasciato una lettera davanti alla porta dei _____ vicini di casa. Loro sono in vacanza e non torneranno prima di martedì prossimo, terremo noi la _____ lettera in questi giorni.

9. L'inaugurazione del negozio della scorsa settimana è stata un successo! Tre dei _____ clienti hanno già fatto un grosso ordine. Siamo sulla strada giusta, ragazzi!

10. Ok, sembra che abbiate quasi terminato i preparativi per la _____ festa. Manca solo la torta ma non c'è da preoccuparsi: la porterà Anna con _____ marito.

Soluzioni / *Answers*

Esercizio 1

1. bel paio
2. disperati tentativi
3. verdi pascoli, cime innevate, pecore saltellanti, zuppe deliziose
4. aiuole fiorite, quadri appesi, pareti bianche, vecchi pavimenti
5. uova marce, verdure appassite, fettine puzzolenti

Esericizio 2

1. più corto
2. migliori
3. peggiori
4. tanto buoni come
5. minore
6. maggiore
7. meno paziente, molto più paziente

Esercizio 3

1. rumorosissima
2. meno rumorosa
3. la più rumorosa
4. più importante
5. meno importante
6. cattivissimo/pessimo
7. buonissimo/ottimo
8. il più cattivo
9. la cosa migliore/più buona
10. minima/piccolissima
11. determinatissimo, più grande/maggiore
12. minimo/pocchisimo, massimo/grandissimo
13. il più grande/ il maggiore, il più piccolo/ il minore

14. simpaticissima
15. difficilissimo/facilissimo

Esercizio 4

1. miei
2. mia
3. Mia
4. Mio
5. Mia
6. nostra
7. miei
8. nostro/loro
9. loro
10. loro
11. nostro
12. mia
13. sue
14. mia
15. sua
16. mia/nostra
17. suoi
18. sua
19. mio/nostro
20. mia
21. mia

Esercizio 5

1. vostre, vostro
2. suoi
3. tua
4. sua, sue
5. suo, suo
6. vostra, vostra, mia
7. tua
8. nostri, loro
9. nostri
10. vostra, suo

4

Pronouns

This chapter will feature exercises to help you practice using pronouns. It corresponds to Chapter 5 in *Il vero italiano*.

Matera (Basilicata)

Direct & Indirect Object Pronouns in Italian

Pronouns in Italian give students so much trouble. It is important to learn not only *what the pronouns are* but *when to use them* (and *how to use them correctly*). These exercises should help you to learn and understand the differences between the various pronouns. Italians use them all the time, so it is important to recognize them so you know what people are talking about. Not knowing your pronouns can make conversations difficult. Tediously repeating the noun can make your writing and speaking sound stilted.

In Chapter 5 of **Il vero italiano**, we provide an excellent overview of the various types of pronouns (**p. 118-50**). Below is a chart of the combined pronouns in Italian. Those in italics are the indirect object pronouns while those in bold are the direct object pronouns.

	lo	**la**	**li**	**le**	**ne**
mi	me lo	me la	me li	me le	me ne
ti	te lo	te la	te li	te le	te ne
gli/le*	glielo	gliela	glieli	gliele	gliene
si*	se lo	se la	se li	se le	se ne
ci	ce lo	ce la	ce li	ce le	ce ne
vi	ve lo	ve la	ve li	ve le	ve ne

*same forms for both third-person singular and plural

Do not forget rules of pronoun placement in Italian. They can attach to infinitives and commands but come before conjugated verbs. Study the rules on pronoun placement before attempting the exercises in this chapter (**Il vero italiano, p. 151-153**).

Esercizio 1 / *Exercise 1*

Inserisci il pronome diretto o indiretto negli spazi bianchi all'interno delle frasi. / *Insert the correct direct or indirect object in the space provided in the phrases below.*

1. Quando arrivi in ufficio, vedrai una cartella rossa sulla scrivania. Per favore, prendi____ e portame____ al più presto.

2. Hai voglia di andare al cinema stasera? Se non _____ va, non fa niente, ci andiamo un'altra volta.

3. Se non _____ trovate bene in albergo, chiamate_____. Saremo lieti di ospitarvi per il fine settimana.

4. _____ presti la tua giacca blu? Ho una cena di lavoro stasera e devo fare una bella figura.

5. Mi manca troppo la mia amica. Non _____ vedo da tre mesi e vorrei far_____ una visita.

6. Vorremmo tanto fare un viaggio in Giappone. _____ è sempre piaciuta la cultura di quella nazione.

7. Non possiamo fare tardi all'appuntamento con i nostri suoceri. Dobbiamo incontrar_____ alle sette in piazza. Conoscendo_____, _____ staranno già aspettando.

8. A volte credi di conoscere alcune persone ma in realtà non _____ conosci affatto e ti sorprendono, in positivo o in negativo.

9. Quando arrivate alla dogana, assicuratevi che _____ diano il visto. Se non _____ _____ danno, non potrete entrare nel Paese.

10. Mario: Ciao Mara, benvenuta! Cosa posso offrir_____? _____ va un caffè?

11. Marco: _____ va bene andare in montagna domani? Giovanna: Certo, amiamo fare escursioni in montagna.

12. Che giornataccia! Ho dovuto comprare due mobili, caricar_____ nel furgone, scaricar_____ e montar_____.

13. Se non sai cosa fare, perché non mi aiuti con la torta? Sul tavolo ci sono le uova, prendi_____ e sbatti_____.

14. _____ dite cosa c'è che non va? Sono due giorni che _____ vedo con un'espressione da funerale!

15. La signora voleva comprare tre paia di scarpe ma erano troppo costose: alla fine ha deciso che non _____ piacevano più e non _____ ha comprate.

Esercizio 2 / *Exercise 2*

Trasforma le seguenti frasi sostituendo i termini sottolineati con i corrispettivi pronomi diretti e indiretti. / *Transform the following phrases, substituting the underlined term with the corresponding direct and indirect object pronouns.*

Esempio: Portami **la scatola**. -------> Porta**mela**.

1. Non so se posso fidarmi di Angelo: credo che stia mentendo e che l'altra sera non sia uscito con i suoi amici ma con qualcun altro. Deve dirmi **la verità**.

2. Cambiateci **l'orario di lavoro**, non possiamo lavorare in queste condizioni!

3. Guardatevi **il film**, ragazzi, vale davvero la pena vederlo!

4. Dopo tanto stress e tanta fatica, prenditi **una settimana libera**, la meriti.

5. Marta voleva davvero fare **un regalo a sua madre** ma non sapeva cosa regalarle.

6. Puoi comprare un orsacchiotto di peluche per i bambini poveri. Donando **loro l'orsacchiotto**, avrai compiuto una buona azione.

7. Consegnate **le vostre composizioni al professore**, così lui le correggerà.

8. Sono convinto di sapere chi sia il colpevole. Se tu credi che io mi sbagli, dimostrami **che mi sbaglio**.

9. Susanna è una persona molto paziente e gentile. Non avrei problemi ad affidare **a Susanna il lavoro**.

10. "Datemi **tutti i soldi** che avete e nessuno si farà male," disse il bandito mentre rapinava la banca.

Un po' di grammatica: the use of ne

The pronoun **ne** (not to be confused with the conjunction **né**), is notorious for confusing and confounding students. The pronoun **ne** is used:

1. to substitute a complement that indicates movement from one place to another (**complemento di moto da un luogo**):

   > Il ladro è entrato in casa da una finestra aperta e ne è uscito dalla porta principale. (**ne = dalla casa**)
   >
   > *The thief entered the house through an open window and went out through the front door.*

2. to replace numbers, indefinite pronouns and quantities; in Italian, numbers and quantities can never sit by themselves. Quantities can also be generic quantities, such as **un sorso** (*sip*), **una manciata** (*handful*), **un bicchiere** (*glass*), etc:

   > Vorresti un bicchiere di vino rosso?
   > *Would you like a glass of red wine?*
   >
   > Sì, grazie, **ne** vorrei un bicchiere!
   > *Yes, thank you, I'd like a glass of it!*
   > (**ne = di questo vino rosso**)

3. to replace partitive constructions formed with the preposition **di**:

   > Tua madre è graziosa! Mi ha mandato delle cartoline quando era in vacanza.
   > *Your mother is so kind! She sent me some postcards when she was on vacation.*
   >
   > Anche a me **ne** ha mandate!
   > *She also sent me some!*
   > (**ne = delle cartoline**)

4. to replace nouns or pronouns that function as complements of specification or topic/subject often introduced by the preposition, **di** These are verb expressions such as **parlare di** (*to talk about*) or **discutere su** (*to debate about*):

> Maria parlava **di me**! Non mi piace, Marco!
> *Maria was talking about me! I don't like it, Marco!*
>
> Non **ne** parlava in modo cattivo: è solo preoccupata!
> *She wasn't talking in a bad way: she is only worried!*
> (**ne** = **di me**; this is done to avoid repeating the complement)

> Gianni e Tiziano discutevano **sulla politica italiana.**
> *Gianni e Tiziano were discussing Italian politics.*
>
> Che palle, **ne** discutono sempre. Alla fine hanno litigato?
> *What a drag, they are always discussing it. In the end they argued?*
> (**ne** = **sulla politica italiana**)

5. in many pronominal constructions, such as the verbs **andarsene** or **fregarsene**. Remember that **-sene** verbs take **essere** in compound tenses and that these past participles agree with the subject of the sentence, *not with ne.*

Esercizio 3 / *Exercise 3*

Riscrivete le frasi usando il pronome, **ne**. / *Rewrite the phrases below using the pronoun, ne.*

1. **Domanda**: Quanti anni hai? **Risposta**: Io ho quarantadue anni.

_____

2. Sono andato al supermercato per comprare delle mele. Erano in offerta, quindi ho preso due chili di mele.

_____

3. **Domanda**: Dove saranno i cucchiaini? **Risposta**: Nel cassetto della cucina non ci sono più cucchiaini.

_____

4. **Domanda**: Avete capito cosa ha detto Maria? **Risposta**: Che è molto delusa del comportamento di Maurizio e che non vuole più sapere niente di lui.

_____

_____

5. **Domanda**: "Quante pagnotte le do, Signora?" **Risposta**: "Mi dia una pagnotta e mezza, per favore."

_____

6. Sicuramente Roberto ha sbagliato a usare quelle brutte parole, ma cerca di capire il motivo della sua reazione.

_____

_____

7. La mamma disse al bambino che poteva scegliere un giocattolo nel negozio ma c'erano tantissimi giocattoli e il bambino non sapeva quale scegliere.

_____

_____

8. Abbiamo ancora molte scorte di pasta in magazzino. Forse è meglio che ordini solo due pacchi di pasta per questa settimana.

_____

_____

9. Questa festa è noiosa, perché non andiamo via da questa festa?

_____

Un po' di grammatica: the use of ci

Like the pronoun **ne**, the particle **ci** can also be confusing for students of Italian since **ci** is not only a direct and indirect object pronoun (*us, to us*) but also a reflexive one. This little pronoun wears many hats in Italian. This section looks at the use of **ci** as a particle (**una particella**). Here are some rules governing the use of **ci**:

1. **Ci** can be used to substitute places where someone is or where someone is going. This is usually seen with certain verbs, such as **andare, venire, uscire**, etc. It is usually done after a place has already been mentioned:

   > Vai **al cinema** stasera?
   > *Are you going to the movies tonight?*
   >
   > No, non mi va! **Ci** sono andato con Giuseppe due giorni fa. Non c'è nulla da vedere.
   > *No, I don't feel like it! I went with Giuseppe two days ago. There's nothing to see.* (**ci** = **al cinema**)

2. **Ci** can also be used to replace **complementi indiretti** introduced by **su** or **con**:

   > Con chi parli al cell?
   > *Who are you talking with on the mobile?*
   >
   > Mamma, sto parlando **con Giovanni**!
   > *Mom, I'm talking with Giovanni!*
   >
   > **Ci** parli ancora? Che palle!
   > *You are still talking? What a drag!*
   > (ci = con Giovanni, **un complemento di compagnia**)

3. **Ci** can also be used as a demonstrative pronoun (**a questo, in questo, su questo**) to substitute for prepositional phrases that begin with **a, in,** or **su**:

> Che fai, Marco? Sei molto pensieroso!
> *What are you doing, Marco? You are very pensive!*
>
> Sto **pensando a Natale** e a tutti i regali devo ancora comprare!
> *I am thinking about Christmas and all the gifts I still have to buy!*
>
> Ma **ci** pensi ancora? Non avevi finito di fare shopping l'altro ieri?
> *You are still thinking about it? Hadn't you finished shopping the other day?*

4. **Ci** is also used with **esserci** to mean *there is/there are*:

> **Ci sono i saldi** domani al centro commerciale!
> *There's a sale tomorrow at the mall!*
>
> Ah sì? Meraviglioso! **Ci sono** tanti negozi che mi piacciono lì!
> *Oh yeah? Awesome! There are some many stores that I like there!*

Exercizio 4 / *Exercise 4*

Riscrivi le frasi utilizzando la forma di "ci" e insericila correttamente all'interno della frase. / *Rewrite the phrases using the particle, ci, by inserting it correctly in the phrases below. Remember that some elements of the phrase may need to be removed for ci to be utilized correctly (see our example below).*

Esempio: Voglio andare là domani. -----> Voglio andar**ci** domani.

1. Non vedo mia sorella da due mesi. Sono davvero contento di rivederla e di parlare con lei.

   _____

2. Ragazzi, domani c'è una festa in piscina a casa di mia cugina. Venite alla festa?
   _____

3. Non so se ho voglia di andare a ballare questo sabato. Devo pensare se voglio andare a ballare o no.
   _____

4. Vieni domani alla partita, vero? Certo, puoi scommettere che sarò alla partita.
   _____

5. Michele e Mario, ieri non sono venuto a lavoro perché stavo male. Perché non credete a questa storia?
   _____

6. Carola è una persona sempre disponibile per gli altri e sempre pronta ad aiutare. Puoi contare su di lei.
   _____

7. Paola e Federica hanno comprato due nuove biciclette e non vedono l'ora di andare in giro con le biciclette.
   _____

8. Credo di essere un tipo abbastanza alla mano, con me puoi parlare.
   _____

9. Sono presenti vari file in questa cartella, quale dovremmo aprire per far funzionare il programma?
   _____

Un po' di grammatica: complementi indiretti

Don't be fooled into thinking that **complementi indiretti** are exactly the same thing as the *indirect object* in English. In **Il vero italiano**, we discussed at length the difference between the indirect object in English and its counterpart in Italian (see Chapter 5 in **Il vero italiano, p. 126**).

First, the *indirect object* in English is the equivalent to the **complemento di termine** or the **complemento di vantaggio** in Italian. The first asks *to whom* or *to what* (**a cosa? a chi?**), while the second asks *for whom* or *for what* (**per cosa? per chi?**). These two **complementi indiretti** in Italian are the equivalent to our indirect object in English. Both of these can be substituted with indirect object pronouns (**pronomi personali complemento indiretto**) listed on page 57 of this book.

Remember: **complementi indiretti** are not always introduced with prepositions. **Complementi di tempo** are not often introduced by prepositions. Italian has several other **complementi indiretti**, such as the **complemento di compagnia** that we learned about when we studied the particle **ci**.

Pronomi tonici / *Tonic Pronouns*

We covered the role of tonic pronouns in Chapter 5 of **Il vero italiano**. Remember that these pronouns have various functions in Italian grammar. The tonic pronouns are:

singular	plural
me	noi
te	voi
lui (*m.*) lei (*f.*)	loro

Study p. 128-130 of **Il vero italiano** for details on the role and use of tonic pronouns. Don't forget about the the reflexive tonic pronoun, **sé** (see **Il vero italiano**, p. 131).

Esercizio 5 / *Exercize 5*

Inserisci i pronomi tonici appropriati negli spazi bianchi / *Insert the correct tonic pronoun in the space provided.*

1. Ieri abbiamo visto _____ che correvi per la strada come un matto. Dove andavi con quella fretta?

2. Aiutate _____ con il progetto, non la squadra rivale!

3. È _____ che voglio, non Gianna. Non riesco a immaginare una vita senza _____.

4. Ernesto portava con _____ il suo portafoglio quando, all'improvviso, si accorse che era sparito.

5. Siediti pure affianco a _____, abbiamo molto spazio libero.

6. Che cosa importa a _____ se io non voglio studiare? La vita è la mia e tu non puoi decidere per _____ .

7. Se per voi non è un problema, andateci _____ alla cena organizzata da Maria. Noi abbiamo un altro impegno che non possiamo proprio annullare.

8. Ancora non l'hai capito? Olga ha regalato il biglietto per il concerto a _____ perché le piaci.

Pronomi possessivi / *Possessive Pronouns*
The possessive pronouns in Italian are:

singular		plural	
m.	*f.*	*m.*	*f.*
il mio	la mia	i miei	le mie
il tuo	la tua	i tuoi	le tue
il suo	la sua	i suoi	le sue
il nostro	la nostra	i nostri	le nostre
il vostro	la vostra	i vostri	le vostre
il loro	la loro	i loro	le loro

The rules for the usage of possessive pronouns can be found in Chapter 5 of **Il vero italiano** on pages 133-134.

Esercizio 6 / *Exercise 6*
Riscrivi le frasi utilizzando la forma corretta di pronome possessivo. / *Rewrite the sentences using the correct form of the possessive pronoun.*

1. Tra le numerose proposte, la vostra proposta è quella che mi ha convinto di più.

_____

_____

2. Non preoccuparti sempre delle sciagure degli altri, pensa alle tue sciagure qualche volta!

_____

3. Nella mia strada ci sono tre case dai colori sgargianti: la mia casa è blu elettrico, la casa di Mara è verde pisello, la casa di Paolo e Francesca è rosa shocking.

4. Quando ero piccolo, mio nonno mi diceva sempre: "Non rovinare le cose degli altri."

5. Come sono educati i figli di Alberta e Giorgio. I nostri figli sono pestiferi, invece!

6. Mi dispiace ma tra la tua auto e la mia auto, preferisco la mia auto: è più grande e il motore è più potente.

7. Il mio proprietario di casa è una persona molto disponibile; il loro proprietario di casa, invece, è molto pignolo e avaro.

8. In questo esame è severamente vietato copiare. Ognuno pensasse al proprio esame.

Pronomi relativi / *Relative Pronouns*

Relative pronouns (**pronomi relativi**) can be difficult for students of Italian to master. With some practice and perseverance, you will be able to master their use. In Italian, the relative pronouns are **che, cui, il/la quale, i/le quali**, etc. You can learn more about the role and use of relative pronouns on p.138-142 in **Il vero italiano**.

Esercizio 7 / *Exercise 7*

Nelle frasi che seguono, inserisci la forma corretta di pronome relativo, fra le proposte suggerite. / *In the following phrases below, insert the correct form of the relative pronoun using the choices provided.*

1. Roberto è il fratello di Alessia, la ragazza _____ sono stato fidanzato per tre anni. (**con la quale / che / di cui**)

2. La Gioconda, _____ è anche conosciuta come Monna Lisa, è stata dipinta da Leonardo e si trova al museo del Louvre. (**che / per la quale / cui**)

3. Possiamo vederci domani? Ci sono molte cose _____ devo dirti. (**che / di cui / con cui**)

4. Possiamo vederci domani? Ci sono molte cose _____ devo parlarti. (**che / di cui / con cui**)

5. Sai bene che Lorella è una persona permalosa, orgogliosa e _____ non ama molto che si scherzi con lei. Evita di fare battute quando c'è lei. (**che / cui / per la quale**)

6. Il motivo _____ vi ho convocati è che abbiamo vinto un bando e dobbiamo iniziare la progettazione del lavoro immediatamente. (**per il quale / che / di cui**)

7. Uno dei posti migliori _____ vedere il panorama di Roma è la terrazza del Pincio. Da lì si può vedere la Capitale d'Italia in tutto il suo splendore. (**dal quale / del quale / che**)

8. Ci sono molti motivi _____ hanno spinto Gertrude a smettere di fumare. La salute e il risparmio sono i principali, però. (**che / dei quali / con i quali**)

9. Giuseppe, _____ non sappiamo ancora il cognome, è il nostro nuovo collega di lavoro. (**di cui / con cui / da cui**)

10. Fate attenzione quando entrate in cucina: lì c'è quel vetro rotto _____ mi sono tagliato ieri. (**che / con cui / con la quale**)

11. Davide, ____ la lettera era indirizzata, era preoccupato: essa proveniva dalla banca e certamente dentro non c'erano buone notizie. (**per cui / con cui / al quale**)

12. La stazione centrale di Milano, _____ partono molti treni, è una delle più importanti stazioni italiane (**di cui / dalla quale / che**)

13. C'è solo una persona al mondo _____ mi sento felice e questa persona sei tu. (**che / con cui / la quale**)

14. Jessica, _____ abita davanti casa mia, non è venuta alla mia festa di compleanno. Mi chiedo se stia bene. (**che / cui / la cui**)

15. Jessica non andò alla festa _____ era stata invitata perché stava male. (**che / della quale / a cui**)

Pronoun Placement

Placement of pronouns in Italian follows some very specific rules. See p.151-153 in **Il vero italiano** for a review of the rules regarding pronoun placement.

Esercizio 8 / *Exercise 8*

Inserisci i pronomi nelle seguenti frasi in modo che siano nella posizione appropriata. / *Insert the pronouns in the phrases below so that the pronouns are in their appropriate position.*

1. Porti (**a me**) la penna rossa che sta sul tavolo, per favore.

___

2. Porti (**a lei**) la penna rossa che sta sul tavolo, per favore.

___

3. Se andate in biblioteca, fate (**a noi**) questo favore: restituite i libri che abbiamo preso in prestito due settimane fa.

___

___

4. Non rimproverare (**me**) per questo errore: è stata colpa tua!

___

5. Affrettate (**voi stessi**) o faremo ritardo anche oggi!

___

6. Dite (**a noi**) dove dobbiamo andare, per favore; è un'ora che giriamo senza meta.

7. Di' (**a noi**) dove dobbiamo andare e ci andremo.

8. Fa' (**a lei**) vedere la casa, è così curiosa di vedere come è!

9. Fa' vedere (**a loro**) la casa, sono così curiosi di vedere come è!

10. Da' (**te stesso**) una mossa, o non arriverai in tempo!

11. Invii (**a lei**) subito questa e-mail, è urgente!

12. Domani consegnerò la composizione (**alla professoressa**).

13. Sono davvero contento che (**alla professoressa**) sia piaciuta la mia composizione.

Pronomi e participi passati / *Pronouns and Past Participles*

Some pronouns can influence the gender and number of past participles in compound tenses, such as the passato prossimo. In the exercises below, you can practice your understanding of these rules.

Let's recap:

1. When the auxiliary is **avere**, the past participle agrees in gender and number with the direct object pronouns: **lo, la, li,** and **le**.

2. Only pronouns **lo** and **la** elide with the conjugated forms of avere (**l'ho comprata ieri!**)

3. Agreement between the other direct object pronouns **mi, ti, ci,** and **vi,** and the past participle is *optional*.

4. Indirect object pronouns *never* influence the gender and number of the past participle. When object pronouns are combined, the *direct object pronoun* or **ne** determines the agreement.

5. In compound tenses where the auxiliary is **essere**, the past participle agrees in gender and number with the subject. The only exception is with some reflexive verbs. If one of the direct object pronouns is present, the past participle *will agree* in gender and number with the direct object pronoun.

6. In the presence of the pronoun **ne**, the past participle agrees in gender and number with the noun replaced by **ne** unless **ne** is being used in conjunction with a quantifier. For example: Non ha bevuto un sorso della mia Coca Cola? / No, non ne ha bevuto un sorso perché, secondo lei, è troppo zuccherosa).

Esercizio 9 / *Exercise 9*

Riscrivi le seguenti frasi in modo da sostituire le parole sottolineate con il pronome adatto. Attenzione a concordare i pronomi con genere e numero, quando necessario! / *Rewrite the following phrases by substituting the underlined word with the proper pronoun. Pay attention to the pronoun agreement with the gender and number as necessary!*

Esempio: Ho dato la mela a Marco. ------> Gliel'ho data.

1. Hai preso le chiavi di casa?

_____

2. So che dovevo farti quel favore ma non ho potuto farti quel favore, mi dispiace.

_____

3. Ci avete chiesto di comprare il dolce e abbiamo preso il dolce. Va bene il tiramisù?

_____

4. Loro hanno voluto comprare le ortensie, io avevo detto che era meglio non prenderle, visto che erano già mezze appassite nel negozio del fioraio.

_____

_____

5. Se Carla ti ha dato il permesso, allora vai pure.

_____

6. **Domanda**: "Quante pesche hai comprato?" **Risposta**: "Ho comprato dieci pesche."

_____

7. Se non hai detto a Sofia che vai alla sua festa, non ti conterà fra gli invitati.

_____

8. Sara ha fatto tutto il possibile, sono sicuro che vincerà il concorso!

9. Non siete stati capaci di finire il progetto, mi dispiace, ragazzi, ma dovrete ripetere l'esame.

10. Abbiamo saputo che non hai restituito a Marco i suoi soldi. Perché non hai restituito a Marco i suoi soldi?

Soluzioni / *Answers*

Esercizio 1

1. Prendila, portamela
2. Ti va
3. Vi trovate, chiamateci
4. Mi presti
5. La vedo, farle
6. Ci è sempre piaciuta
7. Incontrarli, conoscendoli, ci staranno
8. Le conosci
9. Vi diano, ve lo danno
10. Offrirti, ti va
11. Vi va bene
12. Caricarli, scaricarli, montarli
13. Prendile, sbattile
14. Mi dite, vi vedo
15. Le, le

Esercizio 2

1. Deve dirmela.
2. Cambiatecelo, non possiamo lavorare in queste condizioni.
3. Guardatevelo, ragazzi, vale davvero la pena vederlo.
4. Dopo tanto stress e tanta fatica, prenditela, la meriti.
5. Marta voleva davvero farglielo, ma non sapeva cosa regalarle.
6. Puoi comprare un orsacchiotto di peluche per i bambini poveri. Donandoglielo, avrai compiuto una buona azione.
7. Consegnategliele, così lui le correggerà.
8. Sono convinto di sapere chi sia il colpevole. Se tu credi che io mi sbagli, dimostramelo.
9. Susanna è una persona molto paziente e gentile. Non avrei problemi ad affidarglielo
10. "Datemeli e nessuno si farà male", disse il bandito mentre rapinava la banca.

Esercizio 3

1. Ne ho quarantadue.
2. Ne ho presi due chili.
3. Non ce ne sono più.
4. Non vuole saperne più niente di lui.
5. "Me ne dia una e mezza, per favore."
6. Cerca di capirne il motivo.
7. Ma ce ne erano tantissimi
8. Forse è meglio che ne ordini solo due pacchi.
9. Perché non ce ne andiamo via?

Esercizio 4

1. E di parlarci.
2. Ci venite?
3. Devo pensarci.
4. Certo, puoi scommetterci.
5. Perché non ci credete?
6. Puoi contarci.
7. E non vedono l'ora di andarci in giro.
8. Con me puoi parlarci. *(In questo caso, il "ci" è ammesso e si usa per non ripetere il pronome "me")
9. Ci sono **(In questo caso, il "Ci sono" indica la presenza dell'oggetto (i file) nella cartella)

Esercizio 5

1. Ieri abbiamo visto te.
2. Aiutate noi.
3. È te che voglio, non riesco a immaginare una vita senza te.
4. Ernesto portava con sé.
5. Siediti pure affianco a noi.
6. Che cosa importa a te, tu non puoi decidere per me.
7. Andateci voi.
8. Olga ha regalato il biglietto per il concerto a te.

Esercizio 6

1. Tra le numerose proposte, la vostra è quella che mi ha convinto di più.
2. Non preoccuparti sempre delle sciagure degli altri, pensa alle tue qualche volta!
3. Nella mia strada ci sono tre case dai colori sgargianti: la mia è blu elettrico, la sua è verde pisello, la loro è rosa shocking.
4. Quando ero piccolo, mio nonno mi diceva sempre: "Non rovinare le cose altrui."
5. Come sono educati i figli di Alberta e Giorgio. I nostri sono pestiferi, invece!
6. Mi dispiace, ma tra la tua auto e la mia, preferisco la mia: è più grande e il motore è più potente.
7. Il mio proprietario di casa è una persona molto disponibile; il loro, invece, è molto pignolo e avaro.
8. In questa esame è severamente vietato copiare. Ognuno pensasse al proprio.

Esercizio 7

1. Roberto è il fratello di Alessia, la ragazza **con la quale** sono stato fidanzato per tre anni.
2. La Gioconda, **che** è anche conosciuta come Monna Lisa, è stata dipinta da Leonardo e si trova al museo del Louvre.
3. Possiamo vederci domani? Ci sono molte cose **che** devo dirti.
4. Possiamo vederci domani? Ci sono molte cose **di cui** devo parlarti.
5. Sai bene che Lorella è una persona permalosa, orgogliosa e **che** non ama molto che si scherzi con lei. Evita di fare battute quando è presente.
6. Il motivo **per il quale** vi ho convocati è che abbiamo vinto un bando e dobbiamo iniziare la progettazione del lavoro immediatamente.
7. Uno dei posti migliori **dal quale** vedere il panorama di Roma è la terrazza del Pincio. Da lì si può vedere la Capitale d'Italia in tutto il suo splendore.
8. Ci sono molti motivi **che** hanno spinto Gertrude a smettere di fumare. La salute e il risparmio sono i principali, però.
9. Giuseppe, **di cui** non sappiamo ancora il cognome, è il nostro nuovo collega di lavoro.
10. Fate attenzione quando entrate in cucina: lì c'è quel vetro rotto **con cui** mi sono tagliato ieri.
11. Davide, **al quale** la lettera era indirizzata, era preoccupato: essa proveniva dalla banca e certamente dentro non c'erano buone notizie.

12. La stazione centrale di Milano, **dalla quale** partono molti treni, è una delle più importanti stazioni italiane.
13. C'è solo una persona al mondo **con cui** mi sento felice e questa persona sei tu.
14. Jessica, **che** abita davanti casa mia, non è venuta alla mia festa di compleanno. Mi chiedo se stia bene.
15. Jessica non andò alla festa **a cui** era stata invitata perché stava male.

Esercizio 8

1. Portami la penna rossa che sta sul tavolo, per favore.
2. Portale la penna rossa che sta sul tavolo, per favore.
3. Se andate in biblioteca, fateci questo favore: restituite i libri che abbiamo preso in prestito due settimane fa.
4. Non rimproverarmi/mi rimproverare/rimproverare me per questo errore: è stata colpa tua!
5. Affrettatevi o faremo ritardo anche oggi!
6. Diteci dove dobbiamo andare, per favore; è un'ora che giriamo senza meta.
7. Dicci dove dobbiamo andare e ci andremo.
8. Falle vedere la casa, è così curiosa di vedere come è!
9. Fa' vedere loro/fagli vedere la casa, sono così curiosi di vedere come è!
10. Datti una mossa, o non arriverai in tempo!
11. Le invii subito, è urgente!
12. Domani gliela consegnerò
13. Sono davvero contento che le sia piacuta.

Esercizio 9

1. Le hai prese?
2. So che dovevo farti quel favore ma non ho potuto fartelo, mi dispiace.
3. Ci avete chiesto di comprare il dolce e l'abbiamo preso. Va bene il tiramisù?
4. Le hanno volute comprare loro.
5. Se Carla te l'ha dato.
6. Ne ho comprate dieci
7. Se non gliel'hai detto.
8. Sara l'ha fatto.

9. Non siete stati capaci di finirlo.
10. Abbiamo saputo che non glieli hai restituiti. Perché non glieli hai restituiti?

5
Adverbs

This chapter will feature exercises to help you practice using pronouns It corresponds to Chapters 6 in *Il vero italiano*.

Firenze

Formation of Adverbs from Adjectives

To form adverbs from adjectives, add the suffix **-mente**, to the end of the feminine form of the adjective. If the adjective ends in **-e**, simply add **-mente** to the end. Adjectives that end in **-re** or **-le** drop the **-e** and before adding **-mente**:

> largo => larg**a** => larga**mente**
>
> intelligente => intelligente**mente**
>
> celere => celer**mente**
>
> visibile => visibil**mente**

Adverbs can also be formed by placing the adjective after the expression **in modo**:

> veloce => **in modo** veloce = veloce**mente**

Esercizio 1 / *Exercise 1*

Forma l'avverbio di modo corretto partendo dall'aggettivo proposto tra parentesi e inseriscilo negli spazi bianchi. Attenzione! In alcune frasi puoi utilizzare la forma in **-mente** o altre locuzioni avverbiali. / *Form the adverb correctly by using the adjective provided in the parentheses and insert it into the blank space. Attention! In some phrases, you can use either the* **-mente** *form or other adverbial phrases.*

1. Sebbene ci fosse un oceano a separarli, i due innamorati si sentivano per telefono _____ (**costante**).

2. Preferite pagare i vostri acquisti insieme o _____? (**singolare**)

3. Ciro era così stanco che quella notte non sentì che sua sorella suonava _____ (**disperata**) il campanello perché aveva dimenticato le chiavi di casa. Quel ragazzo dormiva _____ (**profondo**).

4. "Salutiamoci _____ (**cordiale**) quando me ne andrò. Non voglio lasciare un brutto ricordo di me," disse Franco dopo aver litigato con i suoi amici.

5. Il nuovo cuoco che abbiamo assunto è fenomenale: usa il coltelli _____ (**abile**) e conosce le più sofisticate tecniche di cottura _____ (**sapiente**).

6. Mara ci ha detto che non sopporta più il suo vicino di casa perché ascolta la radio a tutto volume _____ (**quotidiano**). È davvero esasperata, non ne può più! ***see note in the answer key!*

7. Paride sa davvero risolvere ogni problema _____ (**facile**). L'altro giorno mi ha sbloccato il PC in dieci minuti, mentre io ci stavo provando da due giorni!

8. La presidentessa del club disse che avrebbe ricevuto i delegati della sezione _____ (**compatibile**) con i suoi orari.

9. In molti film americani, il supereroe indossa la maschera e il mantello e sfida _____ (**audace**) i propri avversari. Anche io vorrei quei superpoteri!

10. "Non puoi lasciarmi così, io ti amo _____ (**vero**)!" disse il ragazzo in lacrime, dopo aver saputo che la sua fidanzata non lo amava più.

Esercizio 2 / *Exercise 2*

Inserisci l'avverbio corretto negli spazi vuoti. / *Insert the correct adverb in the blanks.*

poi	pazientemente	inizialmente	così
appena	in maniera silenziosa	barbaramente	davvero
disordinatamente	violentemente	tanto	dappertutto
affatto			

Non _____ (1) Alessandra entrò in casa, si accorse che qualcosa era diverso. L'ingresso non era _____ (2) nelle condizioni in cui lo aveva lasciato lei! Ogni cosa sembrava buttata _____ (3) per terra, come in seguito a un gesto d'ira improvvisa. Tutto era veramente molto strano. La ragazza pensò che potessero essere stati i ladri: alcune case nel quartiere erano state _____ (4) saccheggiate nelle settimane precedenti. Con la preoccupazione che si univa alla paura, Alessandra cominciò a camminare _____ (5) per casa. Cercando di non fare troppo rumore vide che in cucina tutta la spazzatura era sparpagliata per terra -- chi l'avrebbe mai lasciata _____ (6) ? -- in bagno c'era carta igienica _____ (7). I cuscini del divano in salotto erano stati _____ (8) lacerati e la lana era sparsa per tutta la stanza. Saranno stati i ladri - pensò Alessandra - che cercavano un posto in cui avrei potuto nascondere i miei oggetti di valore. Eppure la porta di casa e le finestre non sembravano forzati. Fu all'improvviso, quando ormai la ragazza aveva cominciato ad agitarsi _____ (9), che sentì provenire, da sotto un tavolo, un guaito debole debole. Nascosto tra le gambe delle sedie c'era Scotty, il cucciolo di Alano di Paola, la sorella di Alessandra, che si trovava lì per una settimana, dato che Paola era andata in vacanza. Alessandra non sapeva come reagire: _____ (10) era furiosa, voleva sbattere quella palla di pelo fuori di casa! _____ (11), ragionando _____ (12), pensò che in fondo non poteva farci niente e il cucciolo di certo non era troppo cosciente del disastro che aveva combinato. Una cosa, però, era sicura: al ritorno dalle sue vacanze, Paola non sarebbe stata più _____ (13) rilassata!

Soluzioni / *Answers*

Esercizio 1

1. costantemente / in modo costante / in maniera costante
2. singolarmente
3. disperatamente / in modo disperato / in maniera disperata; profondamente / in modo profondo / in maniera profondo
4. cordialmente / in maniera cordiale / in modo cordiale
5. abilmente / in maniera abile / in modo abile -- sapientemente / in modo sapiente / in maniera sapiente
6. quotidianamente **In this case, saying "in modo/quotidiano" or "in maniera quotidiana" does not sound very natural in Italian.*
7. facilmente / in maniera facile / in modo facile
8. compatibilmente / in modo compatibile/ compatibilmente
9. audacemente / in modo audace / in maniera audace
10. veramente / davvero

Esercizio 2

1. appena
2. affatto
3. disordinatamente
4. barbaramente
5. in maniera silenziosa
6. così
7. dappertutto
8. violentemente
9. davvero
10. inizialmente
11. poi
12. pazientemente
13. tanto

This page intentionally left blank!

6

Prepositions & Conjunctions

This chapter will feature exercises to help you practice using pronouns. It corresponds to Chapters 7 & 8 in *Il vero italiano*.

Abruzzo: Gran Sasso

Preposizioni semplici / *Simple prepositions*
The simple prepositions are listed below with some general rules regarding their usage. For more details, check out Chapter 7 of **Il vero italiano**:

di: can mean *of* or *by* when talking about authorship; can be used to convey possession (Quella macchina è di Giulio / *That car is Giulio's*); **di** is also used in the construction of the partitive (partitivo): Vorrei comprare delle mele rosse / *I would like to buy some red apples.*)

a: can mean *in* or *to*, depending on the context and introduces indirect objects (L'ho detto a Giulio / *I told Giulio.*)

da: can mean *from* or *to* when talking about going to a place; it is also used to introduce the agent in passive phrases (La palla era stata lanciata da me / *The ball was thrown by me.*)

in: can mean *in* or *to*, depending on the context (Vado in America per l'estate / *I am going to America for the summer*). **In** is used with certain locations that end in -ia (Maria, stasera andrò in birreria con Tiziano. / *Maria, tonight I am going to the pub with Tiziano.*)

con: can mean *with*; in some contexts, it can also mean *to*: Maria è sposata con Marco. / *Maria is married to Marco.*)

su: can mean *on* or *about* (Ho studiato due libri sulla musicologia italiana / *I studied two books about Italian musicology.*)

per: can mean *for* or *by*, depending on the context. (Ho studiato per tre ore! / *I studied for three hours!*)

fra/tra: these two prepositions have the same meaning: *among, between,* or *in* with some time expressions. The choice between fra/tra is often dependent on the words that follow in order to avoid certain sound combinations (Fra tutti i ragazzi tu sei quello più affascinante. / *Among all the guys you are the most fascinating one.*)

Esercizio 1 / *Exercise 1*

Inserisci la preposizione semplice corretta negli spazi bianchi. / *Insert the correct simple preposition in the blank.*

1. Enrica ha deciso che quando andrà in pensione, regalerà ____ tutti i suoi colleghi un libro.

2. Quando vai ____ Franco, per favore porta il cane ____ te. Lo adora!

3. Loro due sono proprio una coppia alla mano: fanno amicizia ____ tutti e stanno simpatici ____ tutti.

4. Ragazze, state attente: ____ le 15:00 e le 16:00 dovrebbe passare il postino a consegnare una lettera.

5. Il nostro nuovo coinquilino è francese, viene ____ Marsiglia.

6. Io sono ____ Roma, tu ____ dove sei?

7. Povero Roberto: tutte le critiche oggi sono cadute ____ di lui!

8. Che vita interessante ha avuto Monica! Nata ____ Germania ____ madre italiana e padre inglese, si è trasferita a dieci anni ____ Mozambico, poi è andata ____ quattro anni in Svizzera e ora vive ____ Kuala Lumpur, ____ Malesia!

9. Ieri ho consegnato il regalo, che Marco ha comprato ____ Sabrina, ____ fratello di lei, Sandro. Speriamo che glielo dia presto!

10. Vorremmo molto venire ____ voi ____ cena stasera ma i nostri genitori ci aspettano ____ casa loro ____ un'ora.

Preposizioni articolate / *Articulated prepositions*

Articulated prepositions are the combination of some simple prepositions with the definite article. Here's a chart that you will find in **Il vero italiano** that outlines the combinations of prepositions with the definite article:

	il	lo	l'	la	i	gli	le
a	al	allo	all'	alla	ai	agli	alle
con*	con il col	con lo collo	con l' coll'	con la colla	con i coi	con gli cogli	con le colle
da	dal	dallo	dall'	dalla	dai	dagli	dalle
di	del	dello	dell'	della	dei	degli	delle
in	nel	nello	nell'	nella	nei	negli	nelle
su	sul	sullo	sull'	sulla	sui	sugli	sulle

*Nota bene: *the prepositions per, tra and fra do not combine with the definite article.* **Con** *can combine or remain separate. In writing, the non-articulated form (***con il***,* **con la***...) is more often used while the articulated form is common in spoken Italian*

Esercizio 2 / *Exercise 2*
Inserisci la preposizione articolata corretta negli spazi bianchi. / *Insert the correct articulated preposition in the blanks.*

1. _____ Alpi _____ Sicilia, _____ Liguria _____ Puglia, l'Italia è stata unificata nel 1861, dopo secoli di divisioni.

2. Questa ferita alla gamba me la sono procurata la settimana scorsa ___ mare. Sono scivolato mentre mi arrampicavo _____ scogli.

3. Quell'estate fece molto caldo: alcuni andavano ____ parco a cercare ombra, altri passavano i pomeriggi ____ centro commerciale perché c'era l'aria condizionata. Nemmeno una nuvola ____ orizzonte.

4. Le figlie di Piera e Osvaldo sono entrate ____ adolescenza. Escono quasi ogni sera ____ loro amici e usano un tono sgarbato con i genitori. Poveri, non voglio essere nei loro panni!

5. A primavera arrivò il circo in città: ____ suo interno c'era un Lunapark, ____ autoscontri e il tiro al bersaglio. I bambini erano tutti felici ed emozionati.

6. ____ amici che sono invitati alla festa, solo tre hanno confermato la loro presenza. Gli altri ancora sono indecisi.

7. Si dice che ____ giardini pensili di Babilonia, si trovassero rose fresche ogni giorno, nonostante essi si trovassero in un clima secco.

8. Quando hanno paura, gli scoiattoli scappano velocemente e si nascondono ____ alberi.

9. La casa ____ amico di Fabrizio è molto grande. Lui è un fan accanito della Juventus e ____ pareti ha appesi i poster di tutti i giocatori ____ sua squadra del cuore.

10. Non può sbagliarsi: l'appuntamento è ____ ore 20 davanti ____ edicola sotto casa mia.

Esercizio 3 / *Exercise 3*

Inserisci "**fra/tra**" o "**in**" negli spazi bianchi. / Insert either *fra/tra* or *in* in the blanks below.

1. "Torno _____ dieci minuti, devo andare un attimo in posta," disse il segretario al suo collega di lavoro.

2. _____ inverno, molti italiani vanno a sciare per una settimana. Questa usanza si chiama "settimana bianca."

3. _____ domani e dopodomani dovrebbe passare il rappresentante dei prodotti che abbiamo acquistato _____ estate, ricordate? Quando arriva, fatelo venire nel mio ufficio.

4. Il fattorino disse che avrebbe consegnato un pacco più tardi, _____ mattinata.

5. Verso le cinque, _____ pomeriggio, andrò a fare una passeggiata al parco.

Congiunzioni / *Conjunctions*

Conjunctions (**le congiunzioni**) are an important part of speech in Italian. These 'little words' are often difficult to learn, but they should be studied and memorized since they can help you to expand your sentences and construct more interesting phrases.

Review the conjunctions presented in Chapter 8 of **Il vero italiano** before completing the exercises.

Esercizio 4 / *Exercise 4*

Tra quelle proposte, scegli la congiunzione corretta da inserire all'interno delle frasi. / *Among the conjunctions presented, choose the correct one to insert in the blank.*

1. _____ insistete proprio, verremo alla vostra cena _____ non possiamo trattenerci troppo _____ abbiamo un altro impegno alle ore 22. (**e** - **perché** - **ma** - **se**)

2. _____ hai deciso di non fare come ti ho suggerito, fai come vuoi. Poi non lamentarti se non otterrai i risultati che speri. (**purché** - **se** - **dal momento che**)

3. Ci tieni molto che Franco torni da te _____ tu sei pronta a perdonare il suo tradimento? (**e** - **malgrado** - **ma**)

4. Sono proprio felice del tuo risultato! Finalmente dopo anni di sacrifici e impegni, sei riuscita a vincere una medaglia, _____ le mille difficoltà. Brava! (**seppure** - **nonostante** - **pure**)

5. _____ che tu vinca il concorso _____ che tu non lo vinca, saremo comunque fieri di te. (**ma/se** - **sia/sia** - **pure/perché**)

6. _____ il sugo di pomodoro ti venga bene, fallo bollire dolcemente per almeno un'oretta. Risultato garantito! (**purché** - **perciò** - **affinché**)

7. Marisa sapeva che a quella festa avrebbero partecipato tutte persone che lei trovava noiose _____ non ci è andata. (**perciò** - **ma** - **se**)

8. Non so quale camicia indossare per il colloquio di lavoro: quella bianca _____ quella celeste? Voglio fare una bella figura. (**e** - **oppure** - **ovvero**)

9. _____ ci sarà questa crisi economica, non potremo finanziare nuovi progetti _____ correre il rischio di fallimenti. (**così** - **e** - **finché**)

10. Buonasera, vorrei trecento grammi di prosciutto crudo e mezzo chilo di farina _____, vorrei anche un chilo di pane, grazie. (**ossia** - **infatti** - **inoltre**)

11. Non sono un grande fan dei videogiochi, _____ quello che mi ha regalato mio fratello è davvero eccezionale. Passo ore ed ore a giocarci! (**così** - **se** - **però**)

12. _____, alla mia festa di compleanno verranno dieci miei amici, più sei colleghi di lavoro: _____ saremo in diciassette, me compreso. (**allora/infatti** - **dunque/quindi** - **pertanto/oppure**)

Il periodo ipotetico / *Hypotheticals*

Hypotheticals (**il periodo ipotetico**) are one of the most complicated and difficult aspects of Italian for students to master. These exercises presented below should help you in mastering the rules. You can read about the formation of hypotheticals at the end of Chapter 8 of **Il vero italiano**.

Esercizio 5 / *Exercise 5*

Coniuga il verbo tra parentesi nelle seguenti frasi di periodo ipotetico. / *In the phrases below, conjugate the verbs in parentheses using hypotheticals.*

1. Se fosse più sicuro di sé, Primo _____ (**avere**) tutte le donne ai suoi piedi.

2. Se io ti _____ (**incontrare**) prima, a quest'ora non sarei solo in mezzo a persone che non conosco.

3. Se sapevo che volevi venire anche tu al cinema, te lo _____ (**dire**).

4. Se avessi mangiato di meno ieri, oggi non mi _____ (**sentire**) male.

5. _____ (**essere**) tutti più contenti, se oggi non ci avessi raccontato questa brutta notizia.

6. Non andrò a farmi le analisi perché ho paura degli aghi. Se non avevo paura, ci _____ (**andare**).

7. Se posso aiutarvi, lo _____ (**fare**) volentieri.

8. Se io_____ (**sapere**) dove si trova la cassaforte, ve lo direi.

9. Mi _____ (**arrabbiarsi**) molto, se avessi visto la scena del cliente ricco che non paga il pranzo fingendosi povero.

10. Se non ti _____ (**conoscere**), ti crederei. Ma purtroppo ti conosco!

11. Non so ancora se andrò al mare domani. Se ci andrò, ti _____ (**telefonare**).

12. Se gli studenti non _____ (**studiare**), non passerebbero nessun esame.

13. "Se la montagna non viene a Maometto, Maometto _____ (**andare**) alla montagna," recita un famoso detto islamico.

14. Debora ti avrebbe sicuramente dato un passaggio in auto, se _____ (**sapere**) che dovevi andare dal medico.

15. Ci fareste davvero un grande favore, se _____ (**potere**) aiutarci.

Il congiuntivo / *Subjunctive*

Mastering the subjunctive won't be easy, but it is important to learn and use the subjunctive. Some points to remember: first, the subjunctive is a *mood* (**un modo**) made up of four *tenses* (**quattro tempi**). Review the rules for using the subjunctive at the end of Chapter 8 in **Il vero italiano**.

Esercizio 6 / *Exercise 6*

Coniuga e inserisci i verbi tra parentesi al tempo del congiuntivo corretto. / *Conjugate and insert the verb shown in the parentheses using the correct subjunctive tense.*

1. Esigo che tu mi _____ (**chiamare**) immediatamente se il problema si ripresenta.

2. Non sapevo che Carlo _____ (**essere**) tuo fratello Che strane coincidenze!

3. Credevamo che fosse giusto che Patrizio _____ (**essere invitato**) alla tua festa di compleanno. Lui ti aveva inviato alla sua.

4. Nonostante tu _____ (**essere**) uno dei migliori dipendenti che abbiamo, la direzione crede che Antonella _____ (**essere**) la persona migliore cui affidare questo lavoro.

5. Vi sembra onesto che voi _____ (**essere pagati**) come noi, pur non lavorando tanto duramente come noi? A noi, no.

6. I nonni credevano che i propri nipoti _____ (**pagarsi**) i libri con i soldi che loro gli davano; invece, quei malandrini li usavano per andare in sala giochi.

7. Sarebbe meglio meglio che tu _____ (**presentarsi**) al colloquio di lavoro da solo. In questo modo daresti un'immagine di te più forte e sicura.

8. Avremmo voluto che tu stesso ci _____ (**raccontare**) la verità, invece di mentire spudoratamente.

9. Capiamo che Maria _____ (**avere bisogno**) di fare nuove esperienze e di allontanarsi dalla famiglia per un po' ma se mai lei _____ (**volere**) tornare, la aspettiamo a braccia aperte.

10. Se volete che tutto _____ (**essere organizzato**) alla perfezione, dovete darci almeno un mese per la preparazione del lavoro.

11. Credi che noi _____ (**potere**) vincere la gara? Ci sono molti avversari temibili!

12. Volete che Enzo _____ (**andare**) a fare la spesa prima che voi _____ (**tornare**)?

13. Fate come volete ma _____ (**sapere**) che questa è la vostra ultima possibilità.

14. Come puoi pretendere che io non _____ (**accorgersi**) che mi stai tradendo da due mesi? Non sono stupido!

15. I signori Rossi volevano che i propri vicini non _____ (**accendere**) le luci di Natale a meno che queste non _____ (**essere**) a risparmio energetico. Quante richieste!

Soluzioni / *Answers*

Esercizio 1

1. a
2. da, con
3. con, a
4. tra/fra
5. da
6. di, di
7. su
8. in, da, in, per, a, in
9. per, al
10. con, a, a, tra/fra

Esercizio 2

1. dalle, alla, dalla, alla
2. al, sugli
3. al, al, all'
4. nell', coi
5. al, cogli
6. degli
7. nei
8. sugli
9. dell', sulle, della
10. alle, all'

Esercizio 3

1. tra/fra
2. in
3. fra/tra, in
4. nella
5. nel

Esercizio 4

1. se, ma, perché
2. dal momento che
3. ma
4. nonostante
5. sia, sia
6. affinché
7. perciò
8. oppure
9. finché, e
10. inoltre
11. però
12. dunque, quindi

Esercizio 5

1. avrebbe
2. avessi incontrato
3. dicevo
4. sarei sentito
5. saremmo stati
6. andavo
7. faccio
8. sapessi
9. sarei arrabbiato
10. conoscessi
11. telefonerò

12. studiassero
13. va
14. avesse saputo
15. poteste

Esercizio 6

1. chiami
2. fosse
3. fosse invitato
4. sia, sia
5. siate pagati
6. si pagassero
7. ti presentassi
8. raccontassi/avessi raccontato
9. abbia bisogno, volesse
10. sia organizzato
11. possiamo
12. vada, torniate *or* siate tornati
13. sappiate
14. mi accorga
15. accendessero, fossero

7

Interjections & Idioms

This chapter will feature exercises to help you practice using interjections and idioms learned in Chapters 9 & 10 in *Il vero italiano.*

Rome: Trajan's Market

Interiezioni / *Interjections*

Chapter 9 in **Il vero italiano** is one of my favorites because it discusses an aspect of Italian that is given very little attention to students. While not necessarily integral to learning Italian, interjections can add color and spice to your speaking. Study the **interiezioni** profiled in Chapter 9 of **Il vero italiano** before working on the exercises below.

Esercizio 1 / *Exercise 1*

Fra quelle proposte, scegli ed inserisci l'interiezione corretta all'interno delle frasi / *Among those interjections suggested in the parentheses, choose and insert the correct interjection within each phrase.*

1 Hai fatto tutto questo splendido lavoro da solo? _____, sapevo che eri una persona in gamba! (**brava, basta, uffa**)

2 Oggi non ho proprio voglia di andare a lavoro, _____! (**mostro, bravo, uffa**)

3 Non ne possiamo più dei tuoi commenti negativi! _____ per una volta! (**capperi, magari, zitto**)

4 Quella bambina a sei anni è capace di parlare cinque lingue! Che _____ che è! (**magari, mah, mostro**)

5 Posso offrirti una tazza di tè? _____ (**cavolo, capperi, magari**)

6 _____! Ogni volta che passo per questa strada c'è traffico! (**mah, cavolo, boh**)

7 Sai per caso come si risolve questo esercizio di matematica? _____, non ne ho la più pallida idea! (**brava, basta, boh**)

8 Come possiamo fare per evitare di commettere sempre gli stessi errori? _____, forse dovremmo apprendere proprio da quegli errori. (**capperi, silenzio, mah**)

9 _____! Non possiamo lavorare con tutto questo rumore. Abbiate un po' di rispetto! (**bravi, boh, silenzio**)

10 _____! In sole due ore siete arrivati a casa nostra? Come avete fatto, volando? (**capperi, uffa, mah**)

11 Ti sei laureato una settimana fa? _____! (**boh, basta, auguri**)

12 _____! Per una volta stai zitto e lascia parlare me. (**capperi, mostro, basta**)

Modi di dire / *Idioms*

Idioms are important to learn for two reasons: 1) everyone uses them 2) they are fun to learn. Just like interjections, idioms add color and spice to your language. Using and learning them can make your Italian sound more natural. Many of them are more appropriate for conversational purposes, but some of them are useful in writing, too. In **Il vero italiano**, we profile a couple of dozen useful idiomatic expressions in Chapter 10.

Esercizio 2 / *Exercise 2*

Inserisci e coniuga il modo di dire più appropriato in base al contesto delle frasi. / *Insert and conjugate the idiom that is best suited based on the context of the phrase.*

1. _____ gigantesco. Oggi ho saltato il pranzo e adesso non ci vedo più dalla fame. (**portare i pantaloni, avere un buco allo stomaco, colpo di coda**)

2. Mio nonno mi diceva sempre che quando era giovane era molto povero e _____. Per questo, in età adulta, era sempre attento a non sprecare niente. (**portare i pantaloni, fare una vita da cani, essere solo come un cane**)

3. In cucina non c'erano molti ingredienti e Paola ha dovuto inventarsi un piatto con quel poco che aveva. Non essendo molto sicura del risultato, mi ha chiesto di _____ per sapere se la sua nuova ricetta fosse buona. (**essere una capra, portare i pantaloni, fare da cavia**)

4. Voi due non ce la raccontate giusta: state sempre a parlare in modo intimo, _____. (**essere culo e camicia, ad occhio e croce, restare/rimanere in mutande**)

5. Quando quell'orso si è palesato in mezzo al bosco, _____ e sei rimasto immobile, senza scappare come un pazzo Io sarei morto dalla paura! (**avere culo, avere del fegato, essere con l'acqua alla gola**)

6. Questo weekend Laura e Giovanni non possono uscire. Sono stati bocciati all'esame e i loro genitori gli _____ affinché studino di più. (**stare col fiato sul collo, appendere le scarpe al chiodo, fare centro**)

7. Sono tre settimane che Carlo mi _____ per il cinema Basta, non lo invito più! (**dribblare, dare buca, essere nel pallone**)

8. Dunque, per passare due notti a Praga dobbiamo pagare 2000 euro di hotel più il prezzo del volo. L'hotel è bellissimo ma _____. (**essere solo come un cane, il gioco non vale la candela, fare centro**)

9. Avete visto il nuovo film di Christopher Nolan? Ha davvero _____! (**fare centro, appendere le scarpe al chiodo, avere culo**)

10. "_____ per l'esame di domani!" "Crepi il lupo!" (**fare da cavia, in bocca al lupo, in culo alla balena**)

11. "Quanto distano Roma e Milano?" "_____ sei ore di macchina." (**essere pari e patta, ad occhio e croce, dribblare**)

12. Non so cosa sia successo ad Andrea durante la prova orale. Ha cominciato a balbettare e a sudare e non riusciva a rispondere alle domande: _____. (**fare centro, andare nel pallone, rimanere in mutande**)

13. Ieri ho dovuto pagare l'affitto e le bollette. Adesso si avvicina Natale e dovrò fare i regali alla mia famiglia e agli amici: _____ il prossimo mese. (**rimanere in mutande, essere pari e patta, portare i pantaloni**)

14. Ti confido questo segreto ma non dirlo a nessuno: _____! (**fare da cavia, che culo, acqua in bocca**)

15. Allora, tu hai pagato la cena lo scorso fine settimana, io te l'ho pagata ieri, così _____. (**fare centro, essere pari e patta, stare col fiato sul collo**)

Soluzuioni / *Answers*

Exercizio 1

1. brava
2. uffa
3. zitto
4. mostro
5. magari
6. cavolo
7. boh
8. mah
9. silenzio
10. capperi
11. auguri
12. basta

Esercizio 2

1. Ho un buco allo stomaco
2. faceva una vita da cani
3. fare da cavia
4. siete culo e camicia
5. hai avuto del fegato
6. stanno col fiato sul collo
7. dà buca
8. il gioco non vale la candela
9. fatto centro
10. In bocca al lupo
11. ad occhio e croce
12. è andato nel pallone
13. rimarrò in mutande
14. acqua in bocca
15. siamo pari e patta

8
Appendices

This section features a number of appendixes mentioned throughout the book We have tried to place them on individual pages to make studying, printing, and/or photocopying them easier (depending on the version of the book that you have).

Appendix 1: Essere (all moods and tenses)

presente		*indicativo*	
io	sono	noi	siamo
tu	sei	voi	siete
lui/lei	è	loro	sono

passato prossimo		*indicativo*	
io	sono stato/a	noi	siamo stati/state
tu	sei stato/a	voi	siete stati/state
lui/lei	è stato/a	loro	siete stati/state

imperfetto		*indicativo*	
io	ero	noi	eravamo
tu	eri	voi	eravate
lui/lei	era	loro	erano

trapassato prossimo		*indicativo*	
io	ero stato/a	noi	eravamo stati/state
tu	eri stato/a	voi	eravate stati/state
lui/lei	era stato/a	loro	erano stati/state

passato remoto		*indicativo*	
io	fui	noi	fummo
tu	fosti	voi	foste
lui/lei	fui	loro	furono

trapassato remoto		*indicativo*	
io	fui stato/a	noi	fummo stati/state
tu	fosti stato/a	voi	foste stati/state
lui/lei	fu stato/a	loro	furono stati/state

futuro semplice		*indicativo*	
io	sarò	noi	saremo
tu	sarai	voi	sarete
lui/lei	sarà	loro	saranno

futuro anteriore		*indicativo*	
io	sarò stato/a	noi	saremo stati/state
tu	sarai stato/a	voi	sarete stati/state
lui/lei	sarà stato/a	loro	saranno stati/state

presente		*congiuntivo*	
io	sia	noi	siamo
tu	sia	voi	siate
lui/lei	sia	loro	siano

passato		*congiuntivo*	
io	sia stato/a	noi	siamo stati/state
tu	sia stato/a	voi	siate stati/state
lui/lei	sia stato/a	loro	siano stati/state

imperfetto		*congiuntivo*	
io	fossi	noi	fossimo
tu	fossi	voi	foste
lui/lei	fosse	loro	fossero

trapassato		*congiuntivo*	
io	fossi stato/a	noi	fossimo stati/state
tu	fossi stato/a	voi	foste stati/state
lui/lei	fosse stato/a	loro	fossero stati/state

presente		condizionale	
io	sarei	noi	saremmo
tu	saresti	voi	sareste
lui/lei	sareste	loro	sarebbero

passato		condizionale	
io	sarei stato/a	noi	saremmo stati/state
tu	saresti stato/a	voi	sareste stati/state
lui/lei	sareste stato/a	loro	sarebbero stati/state

presente		imperativo	
io	----	noi	siamo
tu	sii	voi	siate
Lei	sia	Loro	siano

Infinito
presente: essere		**passato:** essere stato

Participio
presente: ente		**passato:** stato

Gerundio
presente: essendo		**passato:** essendo stato

Appendix 2: Avere (all moods and tenses)

presente			*indicativo*
io	ho	noi	abbiamo
tu	hai	voi	avete
lui/lei	ha	loro	hanno

passato prossimo			*indicativo*
io	ho avuto	noi	abbiamo avuto
tu	hai avuto	voi	avete avuto
lui/lei	ha avuto	loro	hanno avuto

imperfetto			*indicativo*
io	avevo	noi	avevamo
tu	avevi	voi	avevate
lui/lei	aveva	loro	avevano

trapassato prossimo			*indicativo*
io	avevo avuto	noi	avevamo avuto
tu	avevi avuto	voi	avevate avuto
lui/lei	aveva avuto	loro	avevano avuto

passato remoto			*indicativo*
io	ebbi	noi	avemmo
tu	avesti	voi	aveste
lui/lei	ebbe	loro	ebbero

trapassato remoto			*indicativo*
io	ebbi avuto	noi	avemmo avuto
tu	avesti avuto	voi	aveste avuto
lui/lei	ebbe avuto	loro	ebbero avuto

futuro semplice			*indicativo*
io	avrò	noi	avremo
tu	avrai	voi	avrete
lui/lei	avrà	loro	avranno

futuro anteriore			*indicativo*
io	avrò avuto	noi	avremo avuto
tu	avrai avuto	voi	avrete avuto
lui/lei	avrà avuto	loro	avranno avuto

presente			*congiuntivo*
io	abbia	noi	abbiamo
tu	abbia	voi	abbiate
lui/lei	abbia	loro	abbiano

passato			*congiuntivo*
io	abbia avuto	noi	abbiamo avuto
tu	abbia avuto	voi	abbiate avuto
lui/lei	abbia avuto	loro	abbiano avuto

imperfetto			*congiuntivo*
io	avessi	noi	avessimo
tu	avessi	voi	aveste
lui/lei	avesse	loro	avessero

trapassato			*congiuntivo*
io	avessi avuto	noi	avessimo avuto
tu	avessi avuto	voi	aveste avuto
lui/lei	avesse avuto	loro	avessero avuto

presente		condizionale	
io	avrei	noi	avremmo
tu	avresti	voi	avreste
lui/lei	avrebbe	loro	avrebbero

passato		condizionale	
io	avrei avuto	noi	avremmo avuto
tu	avresti avuto	voi	avreste avuto
lui/lei	avrebbe avuto	loro	avrebbero avuto

presente		imperativo	
io	----	noi	abbiamo
tu	abbi	voi	abbiate
Lei	abbia	Loro	abbiano

Infinito
presente: avere   **passato**: avere avuto

Participio
presente: avente   **passato**: avuto

Gerundio
presente: avendo   **passato**: avendo avuto

Appendix 3: Piacere (all moods and tenses)

Indicativo / *Indicative*

Presente

mi	piace/piacciono	ci	piace/piacciono
ti	piace/piacciono	vi	piace/piacciono
gli/le	piace/piacciono	a loro	piace/piacciono

Imperfetto

mi	piaceva/piacevano	ci	piaceva/piacevano
ti	piaceva/piacevano	vi	piaceva/piacevano
gli/le	piaceva/piacevano	a loro	piaceva/piacevano

Passato Remoto

mi	piacque/piacquero	ci	piacque/piacquero
ti	piacque/piacquero	vi	piacque/piacquero
gli/le	piacque/piacquero	a loro	piacque/piacquero

Futuro Semplice

mi	piacerà/piaceranno	ci	piacerà/piaceranno
ti	piacerà/piaceranno	vi	piacerà/piaceranno
gli/le	piacerà/piaceranno	a loro	piacerà/piaceranno

Passato Prossimo

mi	è piaciuto/a sono piaciuti/e	ci	è piaciuto/a sono piaciuti/e
ti	è piaciuto/a sono piaciuti/e	vi	è piaciuto/a sono piaciuti/e
gli/le	è piaciuto/a sono piaciuti/e	a loro	è piaciuto/a sono piaciuti/e

Trapassato Prossimo

mi	era piaciuto/a erano piaciuti/e	ci	era piaciuto/a erano piaciuti/e
ti	era piaciuto/a erano piaciuti/e	vi	era piaciuto/a erano piaciuti/e
gli/le	era piaciuto/a erano piaciuti/e	a loro	era piaciuto/a erano piaciuti/e

Trapassato Remoto

mi	fu piaciuto/a furano piaciuti/e	ci	fu piaciuto/a furano piaciuti/e
ti	fu piaciuto/a furano piaciuti/e	vi	fu piaciuto/a furano piaciuti/e
gli/le	fu piaciuto/a furano piaciuti/e	a loro	fu piaciuto/a furano piaciuti/e

Futuro Anteriore

mi	sarà piaciuto/a saranno piaciuti/e	ci	sarà piaciuto/a saranno piaciuti/e
ti	sarà piaciuto/a saranno piaciuti/e	vi	sarà piaciuto/a saranno piaciuti/e
gli/le	sarà piaciuto/a saranno piaciuti/e	a loro	sarà piaciuto/a saranno piaciuti/e

Congiuntivo / *Subjunctive*
Presente

mi	piaccia/piacciano	ci	piaccia/piacciano
ti	piaccia/piacciano	vi	piaccia/piacciano
gli/le	piaccia/piacciano	a loro	piaccia/piacciano

Imperfetto

mi	piacesse/piacessero	ci	piacesse/piacessero
ti	piacesse/piacessero	vi	piacesse/piacessero
gli/le	piacesse/piacessero	a loro	piacesse/piacessero

Passato

mi	sia piaciuto/a siano piaciuti/e	ci	sia piaciuto/a siano piaciuti/e
ti	sia piaciuto/a siano piaciuti/e	vi	sia piaciuto/a siano piaciuti/e
gli/le	sia piaciuto/a siano piaciuti/e	a loro	sia piaciuto/a siano piaciuti/e

Trapassato

mi	fosse piaciuto/a fossero piaciuti/e	ci	fosse piaciuto/a fossero piaciuti/e
ti	fosse piaciuto/a fossero piaciuti/e	vi	fosse piaciuto/a fossero piaciuti/e
gli/le	fosse piaciuto/a fossero piaciuti/e	a loro	fosse piaciuto/a fossero piaciuti/e

Condizionale / *Conditional*
Presente

mi	piacerebbe/piacerebbero	ci	piacerebbe/piacerebbero
ti	piacerebbe/piacerebbero	vi	piacerebbe/piacerebbero
gli/le	piacerebbe/piacerebbero	a loro	piacerebbe/piacerebbero

Passato

mi	sarebbe piaciuto/a sarebbero piaciuti/e	ci	sarebbe piaciuto/a sarebbero piaciuti/e
ti	sarebbe piaciuto/a sarebbero piaciuti/e	vi	sarebbe piaciuto/a sarebbero piaciuti/e
gli/le	sarebbe piaciuto/a sarebbero piaciuti/e	a loro	sarebbe piaciuto/a sarebbero piaciuti/e

Appendix 4: Verbs & Object Pronouns

These verbs take *only* indirect object pronouns:

bastare*	to be enough
credere	to believe
interessare *	to be of interest
mancare*	to miss
piacere*	to like
restare	to remain
rimanere	to remain
rispondere	to respond
sembrare*	to seem
servire*	to need
succedere	to happen
telefonare	to phone
volere bene	to love

* *used like piacere*

These verbs take *only* direct object pronouns:

amare	to love
aiutare	to help
ascoltare	to listen (to)
avere	to have
bere	to drink
chiamare	to call
guardare	to look (at)
imparare	to learn
mangiare	to eat
ringraziare	to thank
salutare	to greet; to say good-bye
scusare	to excuse
sposare	to marry
tagliare	to cut
uccidere	to kill
visitare	to visit

These verbs can use either pronouns depending on the context:

chiedere	to ask (for)
comprare	to buy
dare	to give
dire	to say
domandare	to ask
insegnare	to teach
leggere	to read
mandare	to send
pagare	to pay
parlare	to talk
prestare	to lend
promettere	to promise
scrivere	to write
spiegare	to explain
vendere	to sell

Esempi / *Examples*

1. Note the difference between *telefonare* and *chiamare*:

    Marco **ha telefonato a Maria** perché lei **l'aveva chiamato** ieri ma ha perso la chiamata.
    Marco phoned Maria because she had called him yesterday, but he missed the call.

telefonare a qualcuno *to call someone*   **chiamare qualcuno** *to call someone*

2. Watch out for verbs that can take *both* direct and indirect object pronouns:

    Quest'anno scolastico il professore **insegna** matematica. Purtroppo, gli studenti sono un po' scarsi e disinteressati e non lui ama **insegnargliela**.

    This academic year the professor is teaching math. Unfortunately, the students are a bit lacking and disinterested, and he does not enjoy teaching them it.

insegnare qualcosa a qualcuno: *to teach something to someone*

3. The verb, **dire**, can be problematic at times:

    Le hai detto che la festa comincia alle 21?
    Did you tell her that the party starts at 9?

    Certo, **l'ho detto** a Maria quando mi ha telefonato ieri sera.
    Of course, I told Maria the time of the party when she called me yesterday evening.

Note that in this case the pronoun, **lo**, refers to **qualcosa**, or the time of the party. Remember, in Italian, **qualcosa** is masculine!

dire qualcosa a qualcuno   *to tell something to someone*

Appendix 5: Irregular Past Participles

accendere	acceso
accorgersi	accorto
aggiungere	aggiunto
aprire	aperto
assumere	assunto
chiedere	chiesto
chiudere	chiuso
comporre	composto
concludere	concluso
coprire	coperto
correggere	corretto
correre	corso
cuocere	cotto
decidere	deciso
diffondere	diffuso
dipingere	dipinto
dire	detto
discutere	discusso
disporre	disposto
dividere	diviso
esprimere	espresso
essere	stato
fare	fatto
friggere	fritto
leggere	letto
mettere	messo
morire	morto
muovere	mosso
nascere	nato
offendere	offeso
offrire	offerto
perdere	perso, perduto
permettere	permesso
piangere	pianto
prendere	preso
proporre	proposto
raccogliere	raccolto
rendere	reso
ridere	riso
rimanere	rimasto
risolvere	risolto
rispondere	risposto
rivolgersi	rivolto
rompere	rotto
scegliere	scelto
scendere	sceso
sciogliere	sciolto
scrivere	scritto
scoprire	scoperto
spegnere	spento
spendere	speso
stare	stato
succedere	successo
togliere	tolto
tradurre	tradotto
uccidere	ucciso
vedere	visto
vincere	vinto
vivere	vissuto

Appendix 6: Verbs That Take Essere In Compound Tenses

Remember that all reflexive verbs take **essere** in compound tenses! Some common reflexive verbs are:

alzarsi	*to get up*
cambiarsi	*to change*
chiamarsi	*to be called*
lavarsi	*to wash*
svegliarsi	*to wake up*

andare	*to go*
arrivare	*to arrive*
apparire	*to appear*
cadere	*to fall*
divenire	*to become*
diventare	*to become*
entrare	*to enter*
essere	*to be*
morire	*to die*
nascere	*to be born*
occorrere	*to need*
partire	*to leave*
passare	*to pass*
piacere	*to like*
rientrare	*to re-enter*
rinvenire	*to revive*
ritornare	*to return*
salire	*to get on; to go up*
scendere	*to get off; to go down*
sembrare	*to seem*
servire	*to need*
sparire	*to disappear*
stare	*to stay, to remain*
svenire	*to faint*
succedere	*to happen*
tornare	*to return*
uscire	*to go out*
venire	*to come*
vivere	*to live*

Appendix 7: Some Irregular Verbs in the Passato Remoto

E̲ssere and **avere** are both irregular in the passato remoto:

essere: fui, fosti, fu, fummo, foste, furono
avere: ebbi, avesti ebbe, avemmo, aveste, e̲bbero

These verbs are also irregular:

apparire: apparvi, apparisti, apparve, apparimmo, appariste, appa̲rvero
bere: bevvi, bevesti, bevve, bevemmo, beveste, be̲vvero
cadere: caddi, cadesti, cadde, cademmo, cadeste, ca̲ddero
conoscere: conobbi, conoscesti, conobbe, conoscemmo, conosceste, cono̲bbero
dare: diedi *or* detti, desti, diede *or* dette, demmo, deste, die̲dero *or* de̲ttero
dire: dissi, dicesti, disse, dicemmo, diceste, dice̲ssero
fare: feci, facesti, fece, facemmo, faceste, fe̲cero
scegliere: scelsi, scegliesti, scelse, scegliemmo, sceglieste, sce̲lsero
mettere: misi, mettesti, mise, mettemmo, metteste, mi̲sero
muovere: mossi, movesti, mosse, movemmo, moveste, mo̲ssero
perdere: persi, perdesti, perse, perdemmo, perdeste, pe̲rsero
piacere: piacqui, piacesti, piacque, piacemmo, piaceste, pia̲cquero
prendere: presi, prendesti, prese, prendemmo, prendeste, pre̲sero
sapere: seppi, sapesti, seppe, sapemmo, sapeste, se̲ppero
stare: stetti, stesti, stette, stemmo, steste, ste̲ttero
tenere: tenni, tenesti, tenne, tenemmo, teneste, te̲nnero
vedere: vidi, vedesti, vide, vedemmo, vedeste, vi̲dero
venire: venni, venisti, venne, venimmo, veniste, ve̲nnero
vincere: vinsi, cincesti, vinse, vincemmo, vinceste, vi̲nsero
volere: volli, volesti, volle, volemmo, voleste, vo̲llero